내 안의 리더십

전숙자•류기현•이재은

도서출판 그린

머리말

최근 우리사회는 리더십에 대한 관심이 점점 증가하고 있다. 서점에 가보면 리더십과 관련된 많은 책들이 나오고 있으며 아동들을 대상으로 하는 리더십 학원까지 등장하고 있다. 각 행정기관에서 진행하는 연수 프로그램이나 대학에서 흔히 볼 수 있는 명사들의 강연도 리더십과 관련된 제목이 많다.

그렇다면 리더십이란 무엇이며 우리의 사회적 삶과 어떤 연관이 있는 것일까?

지금까지의 리더십에 관한 대부분의 책들 속에는 주로 성공한 사람들의 특성이나, 실패에 직면한 조직을 성공적으로 회생시킨 과정을 부각시키는 리더의 성공스토리를 강조해왔다. 그렇다면 상대적으로 실패한 많은 사람들에게는 리더십이 없단 말인가? 혹은 사회적인 성공스토리를 가지고 있는 리더만이 리더십을 발휘할 수 있다는 말인가?

우리가 사회적 삶을 살아가고 있다는 것은 이 지구상에서 일어나고 있는 수많은 문제에 직면하면서 그러한 문제를 해결해 나가는 과정으로 볼 수 있다. 21세기 이전에는 사회적 문제를 카리스마가 넘치는 리더가 해결해 주기를 원했다. 그래서 리더라고 하면 징기스칸, 나폴레옹, 처칠, 김구, 이승만과 같이 정치적인 리더 혹은 전쟁의 승리자를 머리 속에 그려본다.

하워드 가드너(Howard Gardner)는 그의 저서 『Leading Minds』에서 다음과 같은 글을 싣고 있다.

영국 총리 처칠과 미국 대통령 루즈벨트, 소련수상 스탈린이 1943년 11월 말, 이란의 수도 테헤란에서 세계의 주요 현안들을 논의하기 위해 모였다. 유레카 정상회담이라고 불리게 될 회담에서 세 정상들은 전후 독일 리더들의 처리문제와 전쟁수행방식 등에 대해 논의하면서 서로에 대해 더 잘 파악하게 되었고, 연합국의 위상을 더욱 공고히 하게 되었다.

유레카 정상회담 당시 아인슈타인은 미국 뉴저지주 프린스턴에서 지난 40년 동안 그래왔듯이 연구를 계속하면서 조용히 지내고 있었다. 20세기 초 아인슈타인은 독자적으로 물리학계에 혁명을 일으켰다. 그가 내놓은 상대성이론 등 다양한 이론은 실용적인 것으로 드러났고, 특히 1939년 루즈벨트 대통령에게 보낸 편지에서 우라늄에 핵반응을 일으키면 엄청나게 강력한 폭발물을 제조할 수 있다는 사실을 밝혔다.

위의 사례에서 보듯이 처칠, 루즈벨트, 스탈린 등은 일방적인 지도자 모습으로 일반인들에게 표현될 수 있고 유레카 정상회담에서 토의된 의제는 리더에게 바라는 전략의 성격을 보여준다. 반면 평생 연구에 매달린 아인슈타인의 이론은 오늘날까지 완벽하게 이해하는 사람은 극히 드물다. 따라서 아인슈타인을 리더라고 생각할 때 의문을 제기하는 사람들도 있을 것이다. 왜냐하면 우리가 리더라고 하면 한 시대의 정치적 혹은 군사적 거장들을 떠올리게 되기 때문이다. 예를 들면, 알렉산더 대왕, 나폴레옹, 링컨, 이순신, 세종대왕 등 사람들의 생각, 태도, 감정 등에 직접적으로 영향력을 행사했던 인물들을 생각하게 되는데 이에 비해 아인슈타인은 평생 동안 난해한 연구에 매달렸고 '상상의 실험실' 에서 깊은 생각에 잠기는 것을 좋아했던 인물이었기 때문이다. 처칠이 다양한 청중에게 자신의 이야기를 역설함으로써 사람들에게 직접적인 영향을 준 것에 비해 아인슈타인은 이론과 논문을 통해 아이디어의 영향력을 간접적으로 행사한 인물이다.

가드너는 처칠과 아인슈타인을 모두 리더라고 부를 수 있다고 주장하면서 처칠은 직접적인 리더(direct leader), 아인슈타인은 대중들에게 창조적인 아이디어를 표출해내는 방식으로 영향력을 주었기 때문에 간접적인 리더(indirect leader)라고 할 수 있다고 설명하고 있다.

미래사회에서는 지금보다 더 복잡하고 어려운 문제가 발생하게 될 것이다. 지구온난화로 인한 자연의 변화, 국가 간의 분쟁, 부의 양극화문제, 전문지식의 급증, 국경을 초월한 조직의 확대, 개인생활의 불확실성 등 각 분야마다 각기 다른 문제들이 현실로 나타나게 될 것이다.

이러한 문제들은 어떤 한 영웅이나 카리스마가 넘치는 리더가 해결할 수 있는 문제는 아니다. 혼자서는 기업과 국가의 발전도 창출해낼 수가 없게 된다. 또한 미래사회에서는 문제해결을 위한 리더십의 형태가 달라져야 한다. 이러한 지구촌적인 문제는 리더십의 특성이론, 행위이론, 상황이론이나 카리스마의 힘의 원리보다는 그 사회 구성원들의 능력을 변화시켜 나가는 것이 중요하다. 이러한 문제의 해답으로 아담 카헤인은 통합의 리더십을 주장한다. 그리고 다른 사람에게 마음을 열고 대화하는 원리로 감정이입과 창의성을 강조한다.

이 책의 기본전제는 미래사회에서는 누구나 리더가 될 수 있다는 가정에서부터 출발했다. 우리 각자의 개인은 누구나 자기만의 특성과 소질이 있어 그 분야에서 대가(大家, Master)가 될 수 있는 능력을 가지고 태어나기 때문에 그러한 소질을 발견하고 성숙시켜가는 과정을 거치면서 그러한 능력을 행사할 때 그것이 리더십으로 전환될 수 있다고 생각한다. 이 책은 이러한 대전제에서 출발했기 때문에 '내 안의 리더십을 발견' 하고 가꾸어 가는 것이 중요하다.

제1부에서는 리더십의 중요성을 파악하고 개념을 정의하기 위해 우선 리더십이 발휘되는 구조를 사회적 권력과 연관하여 살펴보았다. 리더십을 지도력 또는 이끌어가는 능력으로 보면서 새로운 관점으로 리더십의 개념을 적용

하여 설명하였다. 또한 사회변화에 나타난 리더십이 과거 · 현재 · 미래에 어떠한 특성으로 나타나고 있는지, 리더십은 인간사회에만 존재하고 있는지를 동물세계와 연관하여 설명하면서 동물세계에서 나타나고 있는 리더십을 구체적으로 조망해보면서 현대사회의 조직구조에서 리더십이 어떻게 나타나고 있는지를 탐색하였다.

제2부에서는 리더십 연구의 이론들을 사례를 통해서 보았다. 특성이론, 행위이론, 상황이론과 리더와 학습자간의 관계를 중심으로 보는 관점에서는 새로운 사례들을 통해서 각 이론의 특성과 연관하여 설명하고자 하였다. 이것은 리더십을 다양한 관점에서 보고자 하는 시도의 일환이다. 특별히 7장 리더십을 변형이론으로 보는 관점에서는 거래적 리더십과 변혁적 리더십, 슈퍼리더십, 서번트 리더십, 이슈리더십을 다루면서 우리 생활과 밀접한 연관이 있는 사례들을 다루려고 하였다. 미래사회에 우리에게 요구되는 리더십이 무엇인가를 생각할 수 있는 기초적 자료를 제공하려고 하였다.

제3부에서는 각자 개인에게 잠재적인 리더십이 있다는 전제에서 출발한 이 책을 마무리 짓는 작업에 집중했다. '내 안의 리더십' 을 발견하기 위해 자신의 심리적 분석을 자아개념과 에니어그램을 통해 자신의 뿌리를 찾을 수 있는 가능성을 제시해 주었으며 미래사회에서 리더의 자질을 창의성과 연관하여 설명하고자 하였다. 즉 '내 안의 리더십' 을 키우기 위해 자신의 소질이 무엇인지를 발견하고 그것을 성숙시키기 위해 대화능력이 소통의 리더십으로 전환되어야 할 필요성을 논의했다. 특히 창의성이 리더십과 어떻게 연관되는지, 창의성을 기르기 위해 필요한 것이 무엇인지를 구체적 사례를 통해 설명하려고 노력하였다. 미래사회의 새로운 리더십으로 감성의 리더십, 통합의 리더십으로 나타나게 됨을 강조하면서 왜 미래사회에서 그러한 리더십이 요청되는지를 살펴보았다.

2000년도를 전후로 하워드 가드너의 『Creating Minds』와『Leading Minds』라는 저서를 직접 접하고 강의를 들으면서, 리더십이 기업의 경영조직에서뿐 아니라 모든 조직에서 필요하다는 인식을 갖게 되었다. 그 후 학부와 대학원에서 리더십과 관련된 강의를 하면서 리더십에 관한 중요성을 새롭게 인식하게 되었다. 이 책은 리더십에 관해 기존의 틀에서 벗어난 새로운 방향으로 책을 쓰는 것이 좋다는 인식하에 구체적인 토론과정을 거쳐 준비한 결과물이다.

끝으로 이 책이 리더십과 관련된 전공과목을 접하는 학생뿐 아니라 리더십에 관심을 지닌 일반인들에게 도움이 되길 바란다. 그리고 좋은 책을 만들기 위해 여러 가지로 배려해주신 그린출판사 사장님과 과장님, 그 외 편집부 직원들께 감사드린다.

2009년 2월 5일

저자 일동

Contents >>

제1부 리더십이란 무엇인가?

제2부 리더십 연구의 흐름 : 사례를 통해 본 리더십 이론

Contents >>

제3부 새로운 현실 : 리더십과 창의성

제 1 부 리더십이란 무엇인가?

1장 | 리더십의 중요성

많은 사람들의 인식 속에는 '리더십은 인간을 다루는 통솔력이나 카리스마, 혹은 특별한 사람들만이 가지고 있는 기술' 정도로 여겨지기 쉽다. 이는 그동안 '리더십'이라는 개념이 주로 성공한 사람들의 행위나 특성 혹은 특별한 역량 등에 초점을 맞추고 있었기 때문이다. 그러나 리더십을 다른 측면에서 본다면 리더십에 대한 지금까지의 관행과 고정관념을 넘어선 다양한 측면을 인식할 수 있다.

본 장에서는 리더십을 보는 다양한 관점들을 살펴보고자 한다.

1. 리더십이란?

리더십의 개념 정의에 앞서 리더십이 발휘되는 구조를 간략히 살펴보고자 한다.

리더십은 어떠한 형태이던 개인이 가질 수 있는 능력이지만 리더십의 구현은 최소한 리더와 멤버가 존재할 때 가능하다. 따라서 리더십의 구현은 대부분 인간행위에 있어 권력 프로세스로 나타나기도 한다. 우리가 흔히 접할 수 있는 사회적 권력은 크게 5가지의 형태로 구분될 수 있다(French & Raven, 1960).

첫 번째, **강압적 권력**(Coercive Power)으로, 힘에 의해 행사할 수 있는 권력이며, 그렇게 되지 않았을 경우 다른 사람들에 대한 강제적 처벌이 가능한 능력이다. 이러한 권력은 어떤 조직에서는 강력한 보스의 존재로 나타나기도 한다.

두 번째, **보상적 권력**(Reward Power)은 다른 사람들이 원하는 것을 줄 수 있는 능력에 기반 한다. 원하는 것을 제공함으로써 권력을 가진 사람이 원하는 것을 할 수 있게 만들어 주는 것이다. 보상은 또한 처벌을 의미하기도 한다. 즉, 원하는 것을 얻기는 했지만 제대로 임무를 수행하지 않았을 때는 처벌이 따르게 된다.

세 번째, **합법적 권력**(Legitimate Power)으로, 특정한 역할이 사회의 합의에 의해 주어질 때 만들어 진다. 사회적 합의라는 측면이 강조되어 지기 때문에 이러한 권력은 종종 법(Law)에 의한 권력으로 파악되기도 한다. 사람들은 대통령의 지시를 이행하기는 하지만 이는 대통령에 선출된 사람의 지시를 따르는 것이 아니라 대통령이라는 자리에서 나오는 권력에 의해 그렇게 되는 것이다. 만일 대통령이 이러한 측면을 이해하지 못하여 권력이 스스로의 힘에 의해 발생된다고 믿는다면 독재자가 발생할 수 있다.

네 번째, **준거적 권력**(Referent Power)은 다른 사람들에 의해 발생하는 권력으로 볼 수 있는데, 즉, '나도 저렇게 될 수 있었으면 좋겠다' 라는 사고에서 출발한다. 특정인에게 이러한 감정을 느끼게 되면 그 사람의 행동을 따라하게 되고 그 사람의 말을 따르게 된다. 준거적 권력은 그 시대 · 사회 · 사람에 따라 다르게 나타나기도 한다.

다섯 번째, **전문적 권력**(Expert Power)으로 만일 내가 다른 사람들이 원하는 기술이나 지식을 소유하고 있다면 나는 그 사람들에게 전문적 권력을 소유하고 있는 것으로 보는 것이다. 이러한 종류의 권력은 사회의 모든 부분에서 공통적으로 발견할 수 있다. 이러한 권력은 21세기 정보화, 지식화사회로 진화함에 따라 더욱 강력한 영향을 미칠 수 있다.

이상에서 살펴본 5가지의 권력과 사회에 대한 영향력은 기본적으로 나와 타인 혹은 타인들이라는 관계적 속성을 내포한다. 즉, 혼자서는 어떠한 권력의 형태도 구현될 수 없다는 의미이다. 사회적 권력이 어떠한 형태로 작동되는가를 알고 있는 것이 리더십에 대한 이해에 도움을 줄 수 있다. 리더십은 분명 권력과는 다른 개념이지만 권력의 형태와 속성을 이해하지 못한다면 리더십과 권력을 혼동하는 오류를 범할 수 있기 때문이다.

리더십은 일반적으로 지도력 또는 사명(Mission)을 달성하기 위해 인간의 행위에 영향을 줄 수 있는 능력으로 표현하고 있다. 그리고 그 의미를 조직의 목적을 달성하기 위해 구성원들을 일정한 방향으로 이끌어 성과를 창출하는 능력으로 조직의 문제점을 개선할 뿐 아니라 구성원들에게 동기를 부여하는 등의 기능에서 찾고 있다. 즉, 리더십은 "이끌어가는 행위(The Activity of Leading)", "이끌어가는 능력(The Ability to Lead)", "리더의 직위(The Status of a Leader)" 라고 표현할 수 있다. 카츠와 칸(Katz & Kahn, 1978)은 "기계적으로 조직의 일상적 명령을 수행하는 것 이상의 결과를 가져올 수 있게 하는 영향력"으로 리더십을 정의하였다. 자고(Jago, 1982)는 "강제성을 띠지 않는 영향력 행사과정으로 구성원들에게 방향을 제시하고 활동을 조정하는 것"으로 정의하였고, 브라이먼(Bryman, 1986)은 "리더십은 어떤 사람이 공식적으로 리더의 직위에 임명되었을 때 발생한다"고 하였다. 로드와 마헤(Lord & Maher, 1993)는 "리더십을 특정개인이 다른 사람들에 의해서 리더라고 인정받는 과정"으로 설명하였다. 이러한 의미에서 볼 때, 대부분의 리더십은 소수의 성공스토리를 다루면서 리더로서의 자질과 능력을 리더십의 중요한 요건으로 생각한다. 이와는 좀 다른 측면에서 하워드 가드너(Gardner, 1996)는 리더십은 "타고난 재능이 적절한 사회문화적 조건 속에서 연습되고 다듬어진 훈련된 능력"으로 다른 사람의 사고, 감정, 행동에 의미심장한 영향을 미치는 과정으로서의 리더십을 보고 있다. 이러한 정의는 리더십을 사람을 다루는 기술, 통솔력, 카리스마로 표현 했던 고정관념을 넘어선 새로운 관점이라고 볼 수 있다. 이것은 한 인간의 재능이 어떠한 조건 속에서 어떻게 교육하고 훈련되느냐에 따라 어떠한 리더십을 발휘할 수 있는가라는 시사점을 던져주고 있다.

이와 같이 리더십을 어떠한 관점으로 보느냐에 따라 리더십은 특별한 것일 수도 있고 일반적인 것일 수도 있다. 만일 리더십이 특별하다고 생각하는 사람들이 있다면 그들은 위인전에 더 많은 관심을 기울이게 될 것이다. 왜냐하면 위인전에서는 특별한 사람들의 능력과 행위를 매우 자세하게 기술해 놓기 때문이다. 이 책에서는 리더십이 특별한 것이 아니며, 누구나가 리더로서 기능할 수 있는 재능이 있다는 가정을 전제로 한다. 그러므로 이 책에서는 다양한 관점에서 리더십을 파악하되, 한 인간의 타고난 재능이 사회문화적 조건 속에서 어떻게 기능할 수 있는지에 중점을 두고있다.

2. 리더십의 개념

아래의 그림은 현존하는 리더십의 개념들과 리더십의 정의들을 모아, 다시 분류화 하여 만들어진 리더십 개념 지도이다.

[그림 1-1] 리더십의 개념 지도[1)]

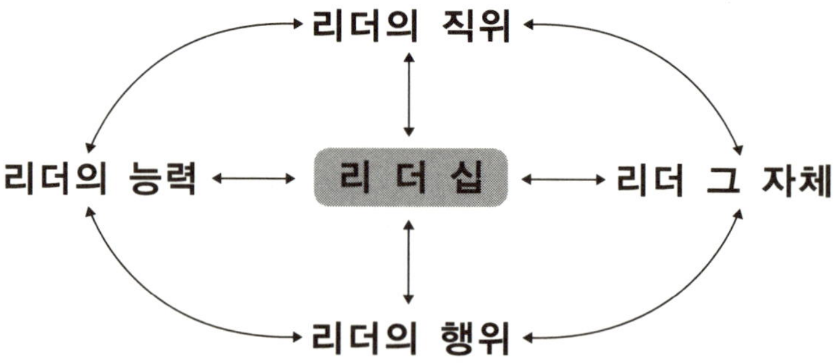

1) 리더십의 다양한 정의들을 모아서 저자들이 종합한 리더십 개념지도

리더 그 자체로 보는 리더십은 〈그림 1〉에서 보듯이, 리더 그 자체, 즉 리더의 상징적인 이미지를 의미할 수 있다. 우리는 TV나 역사책에서 고대의 전투에 관한 많은 내용들을 접할 수 있다. 남녀노소를 불문하고 읽히는 '삼국지'를 보면 주로 그 시대 영웅들의 능력과 리더십에 관한 재미있는 내용들을 쉽게 발견할 수 있다. 물론 리더십의 연구영역은 경영학, 행정학, 군사학 등에서 다양한 관점을 가지고 접근했지만 가장 원론적인 리더십의 내용은 군사학에서 출발했다고 해도 과언이 아니다. 삼국지에 나타난 장수들을 비롯하여 고대의 전투를 생각해 보면 주로 특별한 역량을 가진 장수들 예를 들어 알렉산더, 나폴레옹 등을 떠올릴 수 있다. 또한 이들이 승리한 전투는 대부분 '리더십의 승리'로 일컬어진다. 이는 알렉산더나 나폴레옹 등을 단순히 한명의 사람으로 보는 것이 아니라 거시적 시각에서 이들을 대군(大軍)의 구심점으로 보고 있기 때문이다. 따라서 전쟁이라는 시각으로 보면 리더십은 곧 그 전쟁을 대표하는 위대한 장수들을 의미하는 것이고 리더십이 리더 그 자체를 의미한다고 할 수 있다.

전쟁은 두 나라 혹은 여러 나라로 구성된 국가 간의 분쟁을 의미한다. 전쟁을 이끌어나가는 것이 곧 전쟁에서의 리더십으로 볼 수 있으며 전체 군(軍)에서 리더가 가지고 있는 의미는 개인 이상의 의미를 넘어선다고 볼 수 있다. 리더십을 개인으로 파악하는 것은 이러한 거시적 기준으로 리더십을 파악하는 것이다. 즉, 특정한 조직을 이끌어 나가는 개인의 역량을 보는 것이 아니라 개인을 다양한 이익집단(정치적 정당과 같은)의 대표로 인식함으로써 리더십을 파악할 수도 있다는 것이다. 이러한 관점에서의 리더는 조직의 대표를 직접적으로 의미할 수 있다.

리더의 대표성은 멤버들의 **준거틀**(Reference)에 의해 각인된다. 실제로는 그렇지 않지만 사람들의 인식 속에 그렇게 비춰지는 인간의 제한된 사고능력에 의해 리더십은 리더 그 자체로 인식되어 지며, 리더십은 리더를 직접 지칭하는 개념이 되는 것이다. 이러한 인간의 사고능력과 관련된 조직 이론 중에 **의미부여(Sense Making)** 이론(Weick, 1995)이 존재한다. 인간들은 특정한 사건에 대해 자신들이 가지고 있는 준거틀(Reference)을 이용하여 의미부여를 하게 되고 이것이 실제로 그런가의 여부와는 관련 없이, 개인의 준거틀에 의거하여 사실로 인지될 수도 있다. 리더가 가지고 있는 특성이나 행위 등이 리더십 연구에 매우 중요한 부분이기는 하지만 결국 인지된 리더십은 개인이 가지고 있는 기준에 의존할 가능성이 높으며 따라서 다수의 대중에게 있어 개인이 가지고 있는 리더로써의 특성이 명확히 들어나기는 어렵게 된다. 그러므로 대중들에게 리더십이란, 들어난 일부분으로써 리더 개인을 의미한다.

리더의 행위로 나타나는 리더십은 리더의 행위 즉, 특정한 조직·집단의 구성원을 이끌어 가는 행위로써 이해된다. 이와 같은 접근법이 가장 일반적인 리더십의 접근법이라 볼 수 있겠다.

먼저, 일반적으로 지칭되는 리더십이란 용어를 살펴보자. 리더란 팀이나 조직을 이끌어가는 사람을 의미한다. 따라서 팀으로 기능하는 모든 행동 단위들은 리더와 구성원으로써 구분되어 진다. 이때, 팀을 이끌어 가는 리더의 모든 행위들이 리더십으로 설명될 수 있다. 현존하는 많은 리더십관련 연구들이 사실은 리더의 행위에 초점을 맞추고 있다. 물론 여기에는 특성론 혹은 상황론 등의 이름을 붙여, 리더의 행위에 대한 다양한 변수들이 추가되어 연구되어지기는 하지만 궁극적으로 이들 연구에서 보여 지는 것들의 대부분은 리더들의 행위에 근거한다.

리더십 이론의 흐름에서 보면 특성론에서 행위론으로의 전환은 큰 의미를 가진다(백기복, 2008). 왜냐하면 패러다임의 전환에 따라, 비로소 리더십을 모든 사람에게 적용할 수 있는 보편적인 특성으로 접근할 수 있는 가능성이 열렸기 때문이다. 또한 이러한 전환이 리더십연구의 폭발적인 관심을 끌어올리게 된다. 우리가 흔히 접할 수 있는 이론들인 '미시간 대학의 연구' (Likert, 1947; Katz, Maccoby & Morse, 1950)나 '오하이오 주립대학의 모형' (Fleishman, Harris & Burtt, 1955) 그리고 '관리격자 모형' (Blake & Mouton, 1964)등이 리더십을 행위로 묘사하는 대표적인 연구의 흐름들이며, 대부분 리더의 행위를 통한 조직 효과성에 초점을 맞추고 있다. 또한 이러한 행위론적인 시각은 자연스럽게 리더와 구성원 혹은 추종자와의 관계에 대한 연구로 확장되어진다. 이는 리더가 이끌어가는 팀이나 조직의 효과성이 리더의 행위와 이를 받아들이는 멤버의 차이에 따라 극명하게 달라질 수 있기 때문이다.

리더의 행위가 부각되는 리더십의 특성은 멤버가 명확히 설정되어 있는 경우가 대부분이다. 소규모의 그룹으로부터 대규모의 조직에 이르기 까지 특정한 구성원 집단이 명확해 질 경우 리더의 행위는 바로 리더십으로 인식되어 진다. 구성원이 명확하다는 것은 그만큼 리더가 해야 할 일이 명확하다는 것을 의미한다. 또한 이렇게 대상이 명확한 집단에서는 이루어져야 할 구체적인 목표가 명확한 것이 보통이다. 따라서 집단의 성과가 어떻게 나타나는가와 리더의 행위간의 관계가 주된 관심사가 될 수밖에 없으며, 자연스럽게 리더의 행위는 곧 리더십으로 인식된다.

리더십이 리더의 행위로 인식되는 이유는 바로 실패로부터 뭔가를 성취하는 결과에 사람들이 열광하기 때문이다. 사람들은 성공의 비결을 매우 궁금해 하지만 실제로 성공한 사람들의 비결은 매우 간단하다. 성실하고 정직하고 등등, 그리 낯설지 않은 단어들뿐이다. 그러나 문제는 이와 같은 단어들이 실제로 사람들의 행위로써 이어지는 것이 대단히 어렵다는 것이다. 실패는 누구나 할 수 있는 것이지만 이러한 실패의 원인을 정확히 판단하고 다시는 행하지 않게 하는 것은 매우 어렵기 때문이다. 대부분의 각광받고 있는, 인물 위주의 리더십은 이들 리더들이 집단의 실패원인을 정확히 파악하고 있었으며, 이러한 실패를 반복하지 않도록 하기 위한 행동들을 했다는 것이다. 성공한 리더십을 살펴보면 리더의 행위들은 결과론적으로 매우 바람직하게 된다. 좋은 결과를 보고 대부분의 사람들은 리더의 행위를 리더십으로 인식하게 되는 것이다. 만일 리더의 행동의 결과가 좋지 않게 되었다면 사람들은 리더의 행위를 리더십으로 파악하지 않는다. 이러한 관점에서 본다면 리더십을 행위로 보는 것은 결과론적 관점을 고려한 행위론으로 파악할 수도 있겠다.

리더의 능력으로 나타나는 리더십은 누군가를 이끌어 갈 수 있는 포괄적인 능력을 의미하기도 한다. 이러한 형태의 리더십은 시대에 따라 달라질 수 있다. 왜냐하면 시대적 상황에 따라 요구되는 리더의 능력이 달라지기 때문이다.

세간에 유행처럼 회자되었던 '히딩크의 리더십'은 2002년 월드컵 열기에 힘입어 등장하게 되었으며, '이순신의 리더십' 혹은 '세종의 리더십' 등은 난국을 헤쳐 나가야 할 필요성이 있을 때, 등장하게 된다. 이러한 인물들의 리더십이 비록 현재에 와서도 사회적 조명을 받기는 하지만, 이들의 리더십이 빛을 발하게 된 이유는 시대적 상황과의 적합성이 맞았기 때문이다. 드골, 나폴레옹, 대처, 마틴 루터 킹이나 박정희 등도 시대적 상황이 그들을 그렇게 행동하도록 하게 한 것이라 볼 수 있다. 이와 같이 누군가의 리더십을 이야기 할 때, 리더십은 상황에 따라 다른 사람들을 이끌어 갈 수 있는 리더의 능력을 의미하기도 한다.

리더의 능력이 곧 리더십으로 인식되어지는 것은 구성원들에게, 리더가 뭔가를 보여줄 수 있다는 기대감에 의존할 가능성이 크다(Katz & Kahn, 1978). 만약 마틴 루터 킹 2세(Martin Luther King Jr, 1929-1960)가 미국 흑인들의 인권회복을 위해 성공적인 활동을 몸소 실현하지 못했다면 사람들에게 영향력을 끼치지는 못했을 것이다. 따라서 이러한 관점에서 리더의 능력은 자신이 실천하고자 하는 삶의 방식이 분명할 때, 상상을 초월한, 절대적인 영향력을 갖게 된다. 왜냐하면 추종자들의 기대감이 커질수록 이를 충족시키기 위해서는 더 많은 리더의 능력이 필요하기 때문이다. 그러나 리더의 능력 혹은 역량이 시대를 초월하여 동일할 수는 없다. 오히려 시대 흐름에 맞는 능력과 역량이 리더로써 리더십을 발휘할 수 있는 근간이 될 수도 있다.

그러나 분명히 짚고 넘어가야 할 부분은 리더십이 리더의 능력으로 인식될 수 있다는 사실은 분명하지만, 그러한 능력이 동일한 조직에서 동일한 능력 혹은 역량을 가지고 있어야 한다는 것을 의미하지는 않는다. 예를 들어, 이순신 장군의 역량이 이순신 장군의 리더십을 만들어 냈다면 이순신의 라이벌이자 실패한 리더로 불리 우는 원균의 역량은 이순신 장군의 그것과 비교해 볼 때 조금 다른 특성을 가졌을 것이다. 만일 원균의 역량이 빛을 발할 만한 상황이었다면 그의 리더십이 조명을 받았을 것임은 분명하다. 그럼에도 불구하고 이순신의 리더십이 지금까지 각광받고 있다는 사실은 대중들이 리더의 능력에 대한 기대감과 상황이 적합했기 때문일 것이다. 따라서 리더십을 리더의 능력으로 보는 관점은 다분히 상황론적 관점을 취하고 있기는 하지만, 일단 그러한 능력이 발휘되기 시작했다면, 능력에 기반한 리더십은 시대를 초월하여 신화가 될 가능성이 높다.

일반적으로 매우 어려운 상황에서 새로운 리더가 임명되는 경우에는 대부분 이들의 능력을 믿기 때문일 경우가 많다. 이러한 구성원들의 믿음이 리더십을 리더의 능력으로 파악하는 경우이다.

리더의 능력과 행위로서 리더를 보는 관점이 지극히 일반적이고 보편적인 관점이라는 사실은 앞서 이야기 한 바 있다. 또한 이러한 일반적인 믿음으로 인해 리더가 특별한 사람이라는 인식이 대중에게는 매우 설득력 있는 가설로 보일 것이다. 만일 이러한 관점이 리더십 연구의 주류가 된다면 일반적인 사람들은 절대 리더가 될 수 없다. 즉, 능력 혹은 역량이 뛰어난 사람들이 리더가 된 것이 아니라, 리더가 된 사람들의 능력과 역량이 시대적 상황과 부합하여 부각된 것일 뿐이다.

리더의 신분(직위)으로 나타나는 리더십은 리더의 신분 혹은 직위를 표현하고 있다. 기본적으로 '리더' 라는 단어는 이끌어 가는 사람을 의미한다. 다른 사람을 이끌어가기 위해서는 합법적인 직위나 지위가 필요하다. 이는 리더의 행위가 정당화 될 수 있는 최소의 조건으로도 파악될 수 있다.

이순신 장군이 삼도 수군통제사가 아니었거나, 세종대왕이 단지 충녕대군으로 머물렀었더라면, 또한 로널드 레이건이 미국의 대통령이 아니고 배우의 직위에 머물렀었더라면 그 분들의 리더십이 이처럼 활발히 논의되지는 못했을 것이다. 그러나 리더의 신분이 반드시 합법적이거나 대중의 인정을 받을 필요는 없다. 간디나 마더 테레사등과 같이, 사람들의 생각 · 태도 · 감정등에 크나큰 영향력을 끼친 분들이라면, 이러한 분들은 이미 모든 사람들의 마음속에 리더로써의 위치를 확보하고 있기 때문이다. 이는 리더의 위치가 반드시 수직적인 위계에 근거할 필요는 없다는 것을 의미한다.

그러나 일반적으로 구성원들이 비교적 명확한 조직에서의 리더인 경우는 리더십은 수직적 위계에 상당부분 의존하게 된다. 신분 혹은 직위로써 나타나는 리더십은 이와 같이 구성원들이 명확한 조직이나 기업체에서 주로 인지되는 리더십 유형으로 파악할 수 있다. 혹자는 현대의 조직체계에서 조차도, 리더의 직위와 리더십의 인과관계는 명확치 않다는 주장을 할 수도 있다. 그러나 이와 같은 생각은 현대조직의 특성과 권위체계에 대한 이해의 부족으로 나타나게 된다. 따라서 리더십을 직위로 파악하는 관점을 보다 정확히 이해하기 위해서는 그러한 주장 속에 숨어있는 이론적 논리들을 이해할 필요가 있다.

리더의 직위로써 리더십을 파악하는 관점은 막스 베버(Max Weber)의 조직이론[2)]에서 출발한다. 막스 베버의 관료제(Bureaucracy)에서는 개인이 가지고 있는 권위를 크게 **전통적 권위(Traditional Authority)**, **카리스마적 권위(Charismatic Authority)**, **합리적 권위(Rational Authority)**로 보고 있다. 여기서 권위(Authority)란 특정인이 갖는 권력(Power)의 정당성(Legitimacy)을 다른 사람이 인정하고 있다는 것을 의미하며, 서두에 언급한 권력 프로세스가 일반사회의 보편적인 관점이라면 베버의 권위는 조직 내의 프로세스로 파악할 수 있다.

전통적 권위란 조직 내에서 과거로부터 물려받은 관행이나 전통 때문에 특정인의 명령에 복종하고 그가 설정한 규칙을 따를 때 발생하는 권위를 의미한다. 군주제도나 씨족사회에서의 장자에 의한 권리승계 등의 지도체계 등도 이에 포함된다고 볼 수 있다. 이들은 전통적으로 특정한 조직 내에 매우 높은 위치를 차지하고 있으며 이들이 가지고 있는 권력은 개인의 특성적인 요소를 제외한다 하더라도 매우 강력한 영향력을 행사할 수 있다.

2) Weber, M., 1947, The theory of social & economic organization. New York: Free Press.

카리스마적 권위는 그야말로 개인의 특성으로부터 출발하는 권위라고 볼 수 있다. 인간의 외적인 요소에 기초하는 전통적 권위나 합리적 권위와는 달리 리더 개인의 인격을 통해서 얻어지는 것으로, 어떤 한 개인의 모범적인 성격, 예외적인 신성, 영웅적 자질에 대한 헌신으로 설명될 수 있을 것이다. 물론, 어떠한 형식이던 간에 개인이 표출해 내는 카리스마는 타인의 행동영역을 제한 할 수 있다. 우리가 일하고 있는 회사나 학교에서도 이러한 카리스마를 지닌 사람들을 가끔 만날 수 있을 것이다. 동일한 직위에 있더라도 카리스마를 지닌 사람들의 의견에는 동의하는 경우가 많으며, 대부분의 리더들은 일정부분 카리스마적 권위를 가지고 있다.

합리적 권위는 그 사람이 위치한 직위에서 출발한다. 현대 조직운영에 있어서 가장 기본적인 권위의 유형으로써, 특정인이 설정한 규정, 규율, 명령을 다른 이들이 합법적이라고 인정하고 따를 때 발생한다. 군대에서는 명령권자가 누구인가가 명확하다. 소위 '안 되면 되게 하라' 라는 구호는 이러한 합리적 명령에 복종해야하는 군대사회의 속성을 정확히 표현해 주는 구호라고 볼 수 있다. 군대 사회에서 지휘관이 어떤 사람이건 간에 그 사람의 합법적/합리적 권위로부터 나오는 명령은 멤버들의 무조건적인 복종을 요구한다.

베버의 이와 같은 접근은 조직 내 리더십이 어떻게 표출되는 가를 명확히 보여주고 있다. 즉, 리더가 전통적으로 인정받는 사람이 아니거나 혹은 카리스마적인 특성을 가지고 있지 않더라도 합리적 권위가 정당화 된다면 이것을 곧 리더십으로 파악할 수 있다.

현대 조직은 기능 및 운영제도가 비교적 잘 구축되어 있다. 때문에 어떠한 종류의 사람이던지 리더의 직위에 있게 되면 리더로써 기능할 수 있는 측면이 있게 마련이다. 이와 같은 현대 조직의 특성으로 인해 합리적 권위가 가지고 있는 의미가 더욱 강해지며 리더십을 리더의 직위로 파악하는 것이 가능하다. 그렇다면 권위구조의 설명에 이어, 현대조직의 특성이 리더십에 어떠한 영향을 미칠 수 있는가를 간단히 살펴보도록 하겠다.

현대조직의 특성은 모든 것이 제도화 되어 있다는 점이다. 이는 조직 자체가 자생력을 가지고 있다는 의미로, 현대조직은 이미 자체의 목적을 가지고 있고 방향성을 가지고 진화하기 때문으로 볼 수 있다. 따라서 조직을 사람들의 특정 목적에 의해 사용하는 기구 혹은 수단적 존재로 파악하는 것은 약화되고 있다고 볼 수 있다. 조직은 **관리적 위계**(Managerial Hierarchy)를 근간으로 하여 운영되고 여기에 제한된 합리성을 가진 사람들을 분리시킴으로써 조직 효율성을 높일 수 있다. 그러나 조직이 과연 제도화를 구축할 만큼 구성원들의 몰입도를 높여줄 것인가는 생각해 볼 필요가 있다. 조직은 이미 과학적 관리 혹은 관료제등의 방식을 통해, 인간을 분리하여 통제하는 것이 구성원들의 태업을 방지하고 효율성을 높일 수 있다는 것을 앞에서 학습하였다. 그러나 구성원들이 이 같은 권위에 대한 도전을 할 가능성이 있기 때문에 조직수준에서 시도하는 것이 바로 시스템을 활성화 시키는 것이다. 그렇다면 리더들이 시스템 안에서 어떠한 역할을 하고 있느냐의 문제는, 직위로써의 리더십을 파악하는 관점을 잘 이해할 수 있게 만들어 준다. 리더는 조직을 운영하기 위해 구성원들에게 잠재해 있는 요소를 파악하여, 의사소통을 원활하게 해주고 조직의 목적을 구체화 하는 역할을 한다. 그러므로 시스템에서는 리더의 위치는 제도적 역할의 한 부분을 담당하고 있는 것뿐이다. 이를 **제도화된 리더**(Institutional Leader)라고 부를 수도 있다(Ryu, Song, Lee & Yang, 2008).

이상에서 살펴본 바와 같이 리더십의 정의는 실로 다양하고 어떠한 측면에서 접근하는가에 따라 정의를 다르게 해석할 수 있다. 따라서 특정한 관점으로 리더십을 이해하고 있었다면 리더가 될 수 있는 사람과 될 수 없는 사람이 명확히 구분되어 질 것이다. 그러나 리더십은 앞에서 살펴본 여러 요소들이 복합적으로 연결되어진 개념으로 볼 수 있다. 또한 이 책의 서두 부분에서는 다양한 관점으로 리더십을 설명했다. 분명한 것은 리더십이 특별한 위인들에게만 나타나는 것이 아니라는 사실이다.

리더십을 리더 그 자체로, 리더의 행위, 능력 혹은 직위 등, 어느 관점으로 보던지 간에, 리더십이 구성원(혹은 추종자등의 표현)에게 어떠한 영향력을 줄 수 있느냐가 중요하다. 그러므로 사회 · 국가 등의 조직에서 구성원들에게 직접적인 영향을 끼친 알렉산더나, 케네디, 이순신, 세종대왕 등은 그시대 요청에 따라 리더로서 역할을 했다고 볼 수 있으며. 반면 프로이드, 피카소, 모차르트, 이중섭과 같은 사람들은 전문분야나 예술분야에서 그들이 창조한 작품과 그 작품을 만드는 창조과정 속에서 많은 사람들에게 간접적으로 영향을 주었다고 볼 수 있다. 이들은 직 · 간접적으로 시 · 공간을 초월하여 사람들에게 지대한 영향을 주었던 것이다.

이러한 의미에서 본다면 이 사회조직에서 생활하고 있는 사람들은 사회에서, 직장에서, 학교에서 또는 어떠한 조직에서든지 리더가 될 가능성의 특성이 있으며 어떻게 이러한 재능을 발견하고 훈련할 수 있는지가 중요하다.

3. 사회변화에 나타난 리더십: 과거, 현재, 그리고 미래

세계적으로 유명한 인류학자인 앨빈 토플러는 그의 저서 제 3의 물결(Toffler, 1987)에서, 인류사회를 크게 3단계로 나누고 있다. 즉, 기원전 8000년으로부터 1700년경까지의 농경사회(제 1의 물결)와 18세기 산업혁명이래로 현대에 이르는 산업사회(제 2의 물결) 그리고 향후 전개되어질 미래사회(제 3의 물결)로 구분하고 있다. 토플러가 예측한 미래사회는 이른바 정보화 사회로 포장되어 지금 우리가 살고 있는 사회로 이해할 수 있으며 이른바 제 4의 물결이라는 미래사회가 제시되어 지기도 했다. 그러나 제 4의 물결은 다양한 학자들에 의해 다양하게 정의되고 있으므로 특별히 어떠한 특성이 제 4의 물결인가는 명확하지 않다. 따라서 우리가 겪어왔던 사회를 농경사회와 산업사회 그리고 지식/정보화 사회로 구분하여 각 사회 특성에 따라 리더십이 어떻게 변화해 왔는지 살펴보고, 최근 이슈가 되고 있는 글로벌 리더십에 대한 연구 동향의 특성도 함께 다루고자 한다.

(1) 농경 사회(Agrarian Society)

우리가 설명하고자 하는 농경사회 이전의 사람들은 대부분 소규모의 이주 집단을 이루어 채집이나 수렵, 목축을 하면서 생활하였다. 수렵과 채취를 하던 사람들은 먹이감이 풍부한 지역으로의 이동이 빈번하였기 때문에 집단의 크기는 크지 않았다고 볼 수 있다. 그러다가 농경지를 중심으로 하는 전통적인 농업사회가 형성되었다. 전통적인 농업사회와 그 이전의 수렵생활의 근본적인 차이는, 농업사회에서는 남는 식량을 축적할 수 있었으며 사람들이 더 이상 유목민처럼 이동하지 않아도 된다는 것이었다.

농업은 기원전 9천년에서 기원전 3천년까지 동남아시아 혹은 페르시아 만 등에서 발전되어 식량의 양을 증가시켰으며 농업기술의 발전을 가져오면서 정착생활이 시작되고 그 집단을 유지하기 위한 새로운 질서가 필요하게 되었다.

이러한 변화에 따라 농업 사회에서 필요한 새로운 역할이 분담되고 집단의 보안이나 치안을 담당해야 하는 구성원들도 나타나게 되었다. 한편, 수급되는 식량이 점차 증가하고 집단의 크기가 커짐과 동시에, 다른 집단에 대한 약탈이 본격화 되었다. 이러한 상황은 무력을 사용할 수 있는 무사집단의 계급화를 발전 시켰으며, 외부적 대응 뿐 아니라 내부적으로도 불법적인 이익을 얻으려 하는 사람들을 감시하려하는 사회적 안정성이 강조되게 되었다. 한편, 이러한 상황적 배경은 이 시대에서 전쟁의 중요성이 증가되고 있다는 것을 의미한다. 전쟁에서 패하게 되면 패한 집단의 사람들은 노예가 되고 모든 자원을 강탈당하기 때

[그림 1-2] 농경사회

문에 전쟁에 대비하여 힘이 강한 남성들의 중요성이 강조되게 되었으며 자연스럽게 남성들의 사회적 권력과 중요성이 향상되었다.

초기 농경사회의 리더는 앞서 설명한 바와 같이 집단의 구성원을 외부의 침략으로부터 지킬 수 있는 강한 남성이거나, 사적 재산을 바탕으로 한 부유한 사람들이었을 가능성이 높다. 이러한 리더들의 특성은

매우 강력한 개인특성을 소유하고 있으며 사회구성원들에게는 그들 스스로가 살아있는 리더십으로 인식되었다. 이러한 상황을 배경으로 하여 사회는 점차 계급화 되고 역할의 분배가 분명해 져 갔으며, 농업기술은 더욱 발전해 갔다. 따라서 사회가 집단화 되고 국가의 수준까지 발달해 나가면서 관료적이고 위계적인 계급구분은 더욱 구체화 되었으며 리더는 승계될 수 있는 이른바 특권층으로 굳혀지게 된다.

이 같은 농경사회 리더십의 특성은 전형적인 **보스(Boss)형 스타일**로 볼 수 있으며 앞서 리더십의 개념 정의에서 설명한 바와 같이 리더 그 자체가 곧 리더십이라고 볼 수 있다.

[그림 1-3] 보스(Boss)

❖ 농경사회의 보스형 리더

일반적으로 보스 혹은 두목이라 하면 폭력집단의 우두머리 정도로 생각할 수 있지만, 보스의 사전적 의미는 '실권을 쥐고 있는 최고 책임자' 이다. 농경사회의 리더는 잉여 자원에서 기반 된 권력이나 전쟁에서 승리해 얻게 된 권력을 승계함으로써 리더로써의 위치를 강화하게 되는데, 이와 같은 리더십의 영향은 구성원들에게 절대적인 영향을 주게 된다.

또한 농경사회의 리더의 특성은 세습적 권력을 기반으로 한다. 이 시대의 대표적인 리더는 '왕(King)' 일 것이다. 왕의 자리는 보통 큰 전쟁에서 승리한 리더가 차지하게 되며 자식들에게 계속 승계되는 속성을 가지고 있다. 이는 후세에도 자신의 권력을 정당화하기 위해 피의 연결고리(Blood Relationship)를 이어가려는 특성으로 볼 수 있다. 왕이 가지고 있던 권력은 절대적이다. 예를 들면, '짐이 곧 국가다' 라는 루이 14세의 말은 리더가 곧 리더십으로 인식되어지는 당시의 시대상을 극단적으로 표현해주고 있다. 왕의 이러한 절대적인 리더십은 그의 권력에서 비롯되었으며, 모든 것을 소유할 수 있고 자신의 마음대로 할 수 있었다는 점에서 보스의 그것과 크게 다르지 않다.

또한 농경사회의 리더로써 잉여자원의 축적을 통한 부농(富農)들이 있을 수 있다. 이들은 소유하고 있는 토지와 노동력을 바탕으로 그들의 잉여자원의 폭을 끊임없이 넓혀갈 수 있었으며 많은 농민들이 이들의 영향력 앞에 굴복해야만 했다. 이들의 지시에 거부할 경우 농민들은 농사를 지을 수 없었기 때문에 이들의 영향력 역시 이 시대에 있어 보스의 특성을 가지고 있다. 물론 이들 '부농' 들의 리더십이 긍정적으로 작용한 예는 역사적으로도 많이 존재한다. 예를 들어 땅을 제공하여 노동력만 있는 농민들의 생활고를 해결해 준다던가, 혹은 흉년이 들었을 경우 지주에게 내야만 하는 곡식의 양을 줄여주는 행위들은 이들의 리더십이 온정적이고 윤리적임을 보여줄 수 있는 것들이다. 그러나 이러한 리더십 사례들은 그들의 부를 세속적으로 유지하기 위해 필요했던 기술(Skill)의 하나로 볼 수 있다. 결과적으로 볼 때, 농민들은 언제나 농민일 뿐이고 부농은 대를 이어 부농이었기 때문이다.

보스로써의 리더십은 지극히 개인적인 역량에 의존하지만 이들의 권위는 전통적인 권위로부터 출발 한다. 농경시대의 왕이나 부농들은 전통적 권위를 지속하기 위해 세습화 되는 것이 특징이기 때문이다. 역량이 부족한 리더라 할지라도 전통적으로 리더로써 인정을 받는 자리에 있을 수 있다면 그들은 훌륭한 리더로 포장되어 질 수 있다. 또한 이 시대의 리더들은 멤버들과의 사회적 교환관계나 상호작용이 절실하지 않았다. 왜냐하면 자신의 영역 안에서는 멤버를 포함한 모든 것들이 리더의 소유이기 때문이다. 따라서 이러한 리더의 특성은 철저히 리더에 모든 것이 맞춰져 있다는 것이다.

리더십의 초기 연구들이 리더의 특성이나 행위를 중요시 하고 있는 것은 리더 그 자체를 리더십으로 인식하고 있는 그 당시의 가치관을 그대로 나타내는 모습으로 이해할 수 있다. 이렇듯 리더십의 관점이 어떻게 이동되었는가와 시대의 변화는 밀접한 관계를 보여 준다.

(2) 산업사회(Industrial Society)

산업사회는 보통 서구의 산업혁명 이후를 지칭하기도 하는데, 이는 사회적 구조가 대량생산체계에 따라 변화되었기 때문이다. 농경사회와 비교해서 볼 때, 가장 분명한 산업사회의 특성은 대량, 군집 사회(Mass Society)로 볼 수 있다. 특히, 산업사회의 특성은 석탄이나 석유등, 대규모 천연자원의 사용이 본격화됨으로 인해 발생되었다고 해도 과언이 아니다. 스팀보트(Steam Boat)의 탄생은 이러한 자원의 사용을 극대화 하여 유통의 혁신을 일으킨 계기가 되었으며, 생산량의 규모와 생산속도를 혁신적으로 증가시킬 수 있었다. 농경사회의 특성이 농민들이 직접 손으로 농작물을 재배시켰다면, 산업사회에서는 크랙터와 같은 농기계의 개발로 인해 대규모의 농사가 가능해 졌고, 무엇보다 기존의 수작업에 의존하는 농사방법과는 다르기 때문에 농사를 짓던 인력 중 대부분은 점차 기계화된 공장으로 이동하기 시작했다.

자동화된 공장에서 가장 중요한 것은 인간과 기계가 어떻게 배치되어 최적의 생산량을 유지할 수 있는가 이다. 당연히 이 시대의 리더는

[그림 1-4] 산업사회

조직을 혹은 멤버들을 관리(Manage)하는 것에 그 초점을 맞추고 있다.

1911년 테일러에 의해 제안된 테일러리즘[3]의 조직구조는 **과학적 관리법**(Scientific Management)라는 이름으로 당시 모든 조직에 폭발적인 관심을 불러 일으켰다. 테일러리즘의 조직구조는 인력의 흐름과 관련된 이론으로 볼 수 있다. 테일러는 인력의 생산성 증가에 초점을 맞추었고 종업원들의 '일' 그 자체가 단순화 되면 될수록 전체적인 공정속도가 빠르게 될 것이라고 믿었으며, 이러한 믿음은 대규모 공장설비가 가능해진 당시의 시기와 맞물려 거의 모든 조직에서 활용하기에 이르렀다. 개인이 하고 있는 일들을 가능한 단순하게 만듬으로서 개인은 전체공장에 있어 하나의 단위(Unit)일 뿐이며 경영자의 입장에서는 이들이 하고 있는 단순한 작업을 어떻게 기계의 속도와 일치시켜 주는가 하는 것이 주된 관심사였다. 따라서 개인들간의 차이를 인정하지 않았으며, 종업원 개인들의 만족도와 경영자의 만족도가 완전히 다른 방향으로 틀어져 있었기 때문에 종업원들의 불만이 계속 누적될 수밖에 없었다. 물론 테일러는 종업원들을 기계처럼 생각하지는 않았다. 그러나 그럼에도 불구하고 테일러리즘은 산업시대의 리더의 특성을 보여줄 수 있는 대표적인 사상으로 볼 수 있다.

❖ 산업사회의 관리자형 리더

이 시대의 리더의 특성은 조직 구성원들을 어떻게 관리(Management)해 줄 것인가에 그 초점이 맞춰져 있다. 사람들을 어떻게 관리할 것인가의 이슈는 크게 두 가지 정도로 나누어 질 수 있다. 첫 번째는 **배치**(Assignment)의 문제이다. 이것은 어떠한 특성의 사람들

3) Taylor, F.W.1911. The principles of Scientific Management. New York : Harper

을 대상으로, 그 사람의 특성을 최대한 살릴 수 있는 자리로 배치할 수 있는 가의 문제로 볼 수 있다.

초기의 테일러리즘의 조직구조에서는 사람을 하나의 단위로 보기 때문에 배치의 문제는 전체 작업장 수준에서 단순히 공간적인 배치의 문제로 볼 수 있다. 제한된 공간에서 사람이 어느 정도의 공간을 차지해야 그 일을 효율적으로 처리할 수 있는가? 혹은 호손실험[4]의 초기 목적처럼 일하는 공간과 거기에 맞는 조명은 어떻게 배치시킬 것인가? 하는 등의 문제였다.

이러한 배치문제는 지금도 매우 중요한 이슈임에는 틀림없다. 실제

[그림 1-5] 배치의 이슈(Issue)

4) 메이요(Mayo)와 동료들이 1924년에서 1929년까지 호손(Hawthorne)시에 있는 웨스턴 일렉트릭(Western Electric)회사에서 일하는 근로자를 대상으로 하여 실시한 작업 능률 향상에 대한 연구

로 많은 사무실에서 책상 배치문제 등의 공간 활용은 사람들의 일에 대한 효율성에 많은 영향을 주고 있다. 실제로 사무실의 벽을 낮춰 주면 직무에 대한 효율성이 높아진다는 결과도 제시된 바 있다. 산업사회의 초기에는 이러한 문제들이 더욱 중요한 문제였으며 리더들의 관심은 여기에 집중할 수 밖에 없었다.

기술의 발전에 의해 점차 조직의 규모가 커지게 되고 그러다 보니 처리해야 될 일들이 엄청나게 증가하면서 아이러니컬하게도 필요에 의해 만들어진 관리적 위계가 사회적 특성에 의해 모이게 된 인간들을 분리하는 역할을 수행하고 있었던 것이다. 테일러의 과학적 관리법은 전문성에 기초한 분업을 강조하는데 이러한 분업은 조직의 특성이 생산에 있을 때 극대화 될 수 있고, 생산조직에 있어 가장 효율적인 방식으로 여겨졌다. 이는 철저한 분업을 통하여 개인을 고립시키는 한편 통제에 의한 태업을 막을 수 있다. 즉 사람들은 자신이 속한 조직 속에서 사람들간의 관계를 통해 편안함을 느끼던 종전과는 달리, 분리된 불안감을 느끼게 되고 이러한 불안감을 해소하기 위해 리더의 권위에 집중하게 된다.

대량생산과 대량구매가 이 시대 초기의 특성이었다면 이러한 획일적인 특성은 점차 다양화된 대량생산 혹은 다양화된 구매욕구로 인해 점차 다양성을 인정할 수 밖에 없는 사회로 접어들었다. 시간이 지남에 따라 후기 산업사회는 **지식 근로자**(Knowledge Worker)의 폭이 확대되었다는 것이다. 산업사회의 특성은 계획과 실행이 철저하게 분리되어 있었다는 점인데, 구상이나 계획을 담당하는 부분이 주로 소수 엘리트에 집중되어 있었으며, 실행을 담당하는 것은 일반 근로자의 몫이었다. 그러나 후기 산업사회에서는 구상을 담당하는 부분이 보다 확대되었고, 고도의 지식을 요하는 직업군들이 발생하게 되면서, 배치의 문제는 또 다른 차원의 이슈가 되었다. 즉, 특정한 사람이 가지고 있는 지식을 최대한 활용하는 것이 곧 경쟁력의 근간으로 인식되기 시작했던 것이다. 따라서 리더들은 사람들의 능력을 최대한 발휘할 수 있는 자리가 어떤 것인가를 놓고 고민하게 된 것이다. 이러한 측면의 배치문제는 지식 근로자가 극대화 되어진 지식 · 정보화 사회로의 전환에 따라 리더들의 특성을 또 다른 측면으로 변화시키는 시발점이 되었다.

두 번째는 사람들의 **욕구**(Needs)를 관리하는 문제이다. 산업사회는 모든 사람들이 거대한 조직에 소속되어 있음을 의미하기도 한다. 도시는 인구집중화로 점점 확장되어 가고 있었다. 초기 산업사회에는 기본적인 욕구 충족이 주된 관심사였기 때문에 산업사회 초기의 리더십은 사람들의 적절한 배치의 문제와 함께 기본적인 욕구를 어떻게 관리해 주느냐의 문제로 귀결될 수 있다. 그러나 후기 산업사회로 넘어오면서 사람들의 욕구기준은 매우 다양해지고 복합적인 양상을 띠게 되었다. 사람들의 욕구기준은 이제 중요한 의사결정에의 참여, 혹은 자아실현 등으로 확대되었으며, 이러한 욕구기준의 충족이 조직의 효율성에 직접적으로 영향을 미치게 되었던 것이다. 이 시대의 리더십은 많은 사람들의 다양한 욕구기준을 어떻게 잘 관리하느냐의 이슈가 가장 중요한 것이었다. 이러한 상황적 변화는 학술적인 분야에서도 정확히 들어나고 있다. 1900년대 초의 학술적 연구들이 주로 테일러리즘 혹은 호손실험, 포디즘[5] 등의 공간적 배치문제에 초점을 맞추고 있었다면 1900년대 중, 후반에는 신뢰, 직무만족, 직무몰입등과 같은 주제들이 넘쳐나게 되었던 것이다.

5) 포디즘은 미국의 자동차 회사인 Ford사의 컨베이어벨트 시스템에서 유래한 것으로, 표준화된 제품의 대량생산과 대량소비의 체제를 상징적으로 일컫는 말이다.

(3) 지식 정보화 사회(Knowledge/Informational Society)

산업화 시대를 넘어 지금 우리는 지식 정보화 시대에 살고 있다. 물론 농경사회나 산업사회의 특성 등이 모두 없어진 것은 아니다. 지금도 여전히 농사를 짓는 사람들과 대량 생산체계 속에서 일하고 있는 사람들이 많이 있다. 따라서 그러한 시대의 리더십 특성이 지식 정보화 시대에 완전히 무시된다는 것은 아니다. 지식 정보화 시대에는 오히려 다양한 리더십이 복합적으로 나타나고 있다.

지식 정보화 사회의 특성은 지식수준이 높아지면서 정보를 가공하고 창출해 내는 것이 고 부가가치를 얻을 수 있는 행위로 인식되고 있다. 실제로, '인터넷'의 등장은 사람들의 생활을 획기적으로 변화시키게 되었다.

[그림 1-6] 정보화 사회

인터넷을 활용하여 얻는 지식이 학교생활을 통하여 얻게 되는 지식보다 훨씬 더 빠르고 많아지고 있다. 인터넷에서는 온라인(on-Line)에서 직접 교육을 실시하기도 하며, 그것이 마음에 들지 않는 사람들을 위해 학교이상의 교육수준을 제공하는 사교육 정보를 제공하기도 한다. 한국의 웹(Web) 기반은 세계에서 다섯 손가락으로 꼽힐 정도의 수준이고 정보공유정도는 상상을 초월한다. 물론 이와 같은 정보공유능력이 많은 부작용을 초래하기도 한다.

❖ 지식정보화 사회의 연결자형 리더

지식 정보화 시대는 지식 근로자들이 부를 축적할 수 있는 시대로 볼 수 있다. 따라서 이 시대의 리더십 스타일은 연결자(Connector or Linker)로 정의 될 수 있다. 지식 정보화의 시대에는 국가 간의 국경이 큰 의미를 가지지 못한다. 지식의 흐름은 만일 기반이 갖춰져 있다면 그 어떤 무기로도 막지 못한다. 이러한 논리는 마치 리더가 필요 없다는 식의 논리로 이어질 수 있다. 왜냐하면 국경이 존재하지 않는 정보지식사회에서 본인이 필요로 하는 정보나 지식을 그냥 혹은 돈을 주고 얻으면 되기 때문에 '특별히 리더가 필요 없다' 라는 가설이 설득력 있는 것처럼 들리기 때문이다. 그렇다면 이 시대의 리더십의 특성이 왜 존재하며 그러한 특성이 왜 연결자가 되어야 할까?

지식 정보화 시대는 전술한 바와 같이 원하는 지식을 충분히 얻을 수 있는 시대이다. 그러나 리더십이 존재해야 하는 이유는 정보요구자들의 지식영역이 너무나 다르기 때문이다. 지식 정보화 시대에는 물리적 국경은 존재하지 않지만, 지식의 경계(Boundary of Knowledge)는 존재한다. 물론 이러한 경계를 형이상학(Metaphysics)적으로 접근하기 시작하면 이는 또 다른 문제이다. 왜냐하면 지식의 근본은 결국 가장 높은 수준에서 일치한다고 보는 것이 이러한 접근 방법이기 때문이다. 직관적으로 생각해 볼 때, 우리가 쉽게 알 수 있는 상식수준의 지식을 얻어내는 것은 매우 쉬울 것 같다는 생각을 할 수 있지만, 문제는 지식 정보화 시대에서는 그 상식(Common Sense)의 기준이 동일하지 않다는 데에 있다.

이 시대의 리더는 다양한 멤버들을 이끌어가야 한다. 다양성은 인종, 나이, 성별, 학력 등 그 범위가 매우 확장되어 있으며 차이가 구체화 되어 있다. 또한 이러한 각각의 다양성은 그 자체가 매우 소중한 자원이 될 수 있다. 지식 정보화 시대의 리더십은 결국 이러한 다양성이 갖는 이점을 극대화 할 수 있도록 다양한 지식의 범위를 원활히 소통하게 해주는 역할을 수행해야 한다. 따라서 지식정보화시대의 리더는 정보를 처리할 수 있는 **속도**(Speed)와 많은 정보를 소화할 수 있는 **적응력**(Adaptability)에 초점을 맞추어야 한다. 더 이상 리더가 통제와 효

[그림 1-7] 연결망과 리더

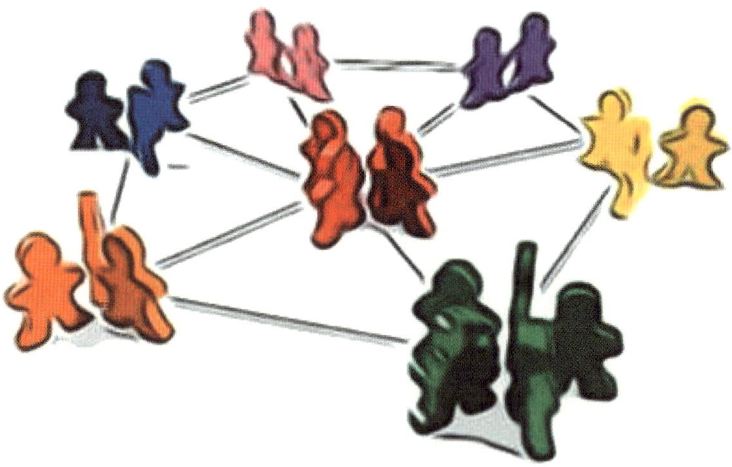

율성에 관심을 기울여서는 지식정보화 사회의 리더로써 기능하기에는 너무나 많은 한계에 부딪히기 때문이다.

최근 각광을 받고 있는 네트워크 이론은 지식 정보화 시대의 리더십의 특성을 잘 나타낼 수 있다. 네트워크 이론은 사회 혹은 조직의 모든 단위 개체(Unit)들이 상호 연결망 속에 **배태(Embededness)**되어 있다는 가정으로 시작한다(Granovetter, 1985). 각 단위들은 상호작용을 하며, 연결 관계는 모든 사회현상의 기본적 분석단위로 파악될 수 있다. 중요한 측면은 이러한 연결망 속에서 중심에 위치한 사람들이 갖는 이점(Advantage)이 있는데, 이들은 각 개체를 연결해 주는 허브(Hub)의 역할을 하게 된다. 만일 이들을 분리해 내게 되면 해당 연결망에는 커다란 공백이 생기게 되며, 이러한 공백을 **구조적 공백(Structural hole)**이라 부른다(Burt, 1992).

사회적 연결망에 있어 이들의 역할은 매우 중요하다. 연결망을 형성하는 많은 사람들의 지식이나 정보는 그 자체로 제한되어 있기 때문에 특정 사회나 조직에서 원하는 결과물을 만들어 내기 위해서는 이러한 지식을 하나로 모으는 역할이 수행되어야 한다. 또한 각 단위 개체들은 자신들이 가지고 있는 지식의 경계가 분명하기 때문에 다른 사람의 지식이 최종 결과물에 어떻게 적용되어야 할지 모를 가능성이 높다. 따라서 이들의 지식을 적절히 연결시켜줄 매개체가 필요하며 이것이 정보 지식사회의 리더의 역할이고 따라서 지식을 연결하는 행위를 리더십으로 표현할 수 있을 것이다.

지금까지 각 시대의 특성에 따라 리더십이 어떻게 표출되어 왔는지, 혹은 표출 될 것인가에 대해 살펴보았다. 분명한 것은 리더십은 누적적인 특성을 가지고 있어 현대사회에서는 두드러지는 특성을 가진 리더십이 존재하지 않는다는 것이다. 지식정보화 사회라고 하지만 농경사회, 산업사회의 리더십 특성을 나타내는 리더는 존재한다. 다만 여기서는 리더십의 특성이 사회의 특성에 따라 변화해 나갈 수 있다는 가능성만을 보여준 것이다. 다가오는 새로운 시대에는 리더십이 더욱 다양화될 것이 틀림없다.

(4) 글로벌 리더십(Global Leadership)[6]

지금까지 우리는 인류의 역사 속에서 리더십이 어떻게 인식되고 진화해 나아갔는가에 대해 살펴보았다. 지식정보화 시대의 도래와 향후 펼쳐질 사회에 대한 인식은 학자들마다 다르기 때문에 그러한 시대상을 그려내기는 쉽지 않다. 그러나 한 가지 분명한 점은 앞으로의 세계는 지도상의 국경이 불분명해 지는 글로벌 시대라는 점이다. 이러한 의미에서 글로벌 리더십과 관련된 학술적 연구들에 대해 정리해 보도록 하겠다.

세계화(Globalization)의 추세는 더 이상 거스를 수 없는 역사의 흐름이다. 세계화의 물결은 리더에게 있어 다양한 인종 및 문화속에서 살고 있는 사람들을 하나로 묶어주는 역할을 강요하고 있다. '세계화' 라는 의미는 단지 지리적인 거리가 운송수단의 발전으로 인해 가까워졌다는 것만을 의미하지는 않는다. 세계화의 진정한 의미는, 세계 곳곳의 문화적인 차이가 더 이상 어색하지 않으며, 특정한 사안에 대해 사람들이 인식하는 차이가 크게 다르지 않을 것이라는 가정 즉, 세계가 하나

6) Osland, J., 2008, Global leadership, AIB INSIGHT, 8(1): 10-13.

라는 인식(Global Mindset)에 기반 한다. 세계화의 추세는 현대의 리더로 하여 정확히 인식하고 있어야 할 몇 가지 도전적인 과제(Lane, Maznevski, Mendenhall & McNett, 2004) 를 던져 주었다.

첫 번째, 다양한 차원에서의 **다양성**(Multiplicity)을 인정해야 한다. 다양성을 인정하는 것은, 사실 한 국가 내에서도 어려운 것이 사실이다. 지역적 특색이나 성(Gender), 또는 학력 등 하나의 국가 내에서도 매우 다른 차원의 다양성이 존재하기 때문에, 세계의 모든 사람들을 하나의 관점으로 보는 것은 리더로써 가장 중요한 도전 과제이다.

두 번째, **상호종속성**(Interdependence)의 이해이다. 세계화는 매우 다양한 시스템들이 서로 결부되어 움직이고 있는 거대한 톱니바퀴와 같다. 예를 들어, 북한의 핵 문제는 미국, 중국, 러시아, 한국, 일본의 정치 경제적 이슈와 맞물려 돌아가고 있다. 또한 미국에서 시작된 경제위기는 전 세계의 경제위기로 확산되었다. 따라서 리더는 다양한 이익집단들의 관계와 사회, 문화, 정치, 경제, 환경 등의 이슈를 정확히 파악하고 있어야 한다. 이러한 상호종속성을 무시한다면 글로벌리더가 되기는 어려울 것이다.

세 번째, **모호성**(Ambiguity)의 존재이다. 세계화는 앞서 설명한 바와 같이 다 차원적 속성과 상호종속적인 특성을 강하게 내포하고 있다. 따라서 그때그때 발생하는 일들에 대한 인과관계가 매우 모호해 진다. 글로벌 리더는 각종 사안에 대한 인과관계를 명확히 할 필요가 있다. 어떠한 사건에 대해 '이것은 문화적 차이에 의한 것이다' 라고 정의한다면 그러한 문화적 차이가 현재의 맥락과 어떻게 연결되어 있는가를 이해해야 한다.

마지막은 **유동성**(Flux)을 확보하는 것이다. 세계화는 매우 빠른 변화의 속도를 가지게 된다. 따라서 이러한 변화에 능동적으로 대비하는 자세가 필요하다. 현재의 조직구조를 전환시킬 수도 있고, 멤버들의 가치를 변화시켜야 할 수도 있다. 빠른 속도로 변화하는 시대의 흐름에 낙오된다면, 그러한 리더는 글로벌 리더가 될 수 없다. 또한 **세계 경영**(Global Management)에 대한 의식을 가져야 할 것이며, 하나의 리더십에 특화되지 않고 여러 리더십유형에서 자신의 상황과 적합한 리더십 유형을 만들어 내야 한다. 그러나 아직 글로벌 리더에 대한 명확한 정의와 학술적 합의가 이루어지지 않았으며 이에 대한 실증연구들도 빈약한 형편이다. 몇몇 선구적인 학자들에 의해 구체화된 글로벌 리더십에 대한 정의를 간략히 살펴보자면 글로벌 리더십은 '문화적 지리적으로 다양한 멤버들에 대해 공통된 목표와 비전을 수립하여 이들의 행동과 사고에 긍정적인 시너지를 유발 할 수 있는 일체의 행위' (Adler, 2001)로 정의 될 수 있다. 또한 '문화적, 지리적, 성격적 복잡성에 근거한, 조직 내/외부의 환경에 적응하여 다양성을 가진 구성원 간의 신뢰의 구축을 통해 하나의 집단으로 거듭나게 만들 수 있는 리더의 영향력' (Osland, 2008)으로 정의하기도 한다. 먼저 제시된 정의가 글로벌 매니저의 역할에 가깝다면 두 번째 제시된 정의가 글로벌 리더십에 적합한 정의일 수도 있다.

지금까지 진행되어온 글로벌 리더십연구의 주제들은 글로벌 리더의 자질에 관련된 것(Hollenbeck, 2001 etc.)이거나 어떻게 글로벌 리더를 양성할 것인가(Black, Morrison & Gregersen, 1999 etc.)에 그 초점이 모아져 있다. 그렇다면 이러한 연구들에서 보여진 글로벌 리더의 특성을 다음과 같이 제시할 수 있다.

첫 번째로 멘델홀과 오슬란(Mendenhall & Osland, 2002)은 글로벌 리더십의 여섯 가지 핵심역량을 소개하고 있다. 첫 번째는 다문화를 관리하는 기술(Cross-Cultural Relationship Skills)이고 두 번째는 성격과 리더의 핵심가치(Traits and Core Values)이다. 세 번째는 다양한 현상을 이해할 수 있는 인지적 근원(Cognitive Orientation)이며, 네 번째는 세계경영과 관련된 전문적 지식(Global Business Expertise)이다. 다섯 번째는 조직 배치와 구조를 세계화에 맞게 실행할 수 있는 능력(Global Organizing Expertise)이고 마지막은 구성원들 및 조직의 비전 설정(Visioning)이다. 이러한 관점은 글로벌 리더에게 있어 리더십 측면보다는 글로벌 역량에 더 초점을 맞추고 있다. 어떠한 종류의 조직이던 간에 조직을 둘러싸고 있는 환경의 변화에 대한 리더의 인식은 매우 중요하다. 환경과 조직변화의 적합성을 추구할 수 있는 매개자(Boundary Spanner)로써의 역할이 강조된 리더십 요인으로 파악할 수 있다.

두 번째로 조키넨(Jokinen, 2004)이 제시한 세 가지 종류의 글로벌 역량을 살펴보면, 글로벌 리더는 기본적인 리더로써의 능력(Fundamental Competencies)이 갖춰져 있어야 하고, 세계화 추세에 맞는 정신적 자세(Desired Mental Characteristics)가 필요하며, 이를 구체화 시킬 행동적인 역량(Desired Behavioral Competencies)이 있어야 한다. 두 번째 관점은 먼저 정의된 관점에 비해 리더십에 더욱 초점을 맞춘 개념으로 볼 수 있다. 글로벌 리더는 글로벌 리더이기에 앞서 리더여야 한다. 따라서 기본적인 리더십 기술이 없다면 글로벌 리더로써 기능하기 어렵다.

이 외에도 글로벌 리더십에 필요한 세부적인 기술들은 각기 다양한 분야의 학자들에 의해 산발적으로 정의되고 있다. 그러나 이와 같은 다양한 주장 속에서 공통적으로 나타나는 것은, 글로벌 리더십은 끊임없이 변화하는 상황 중심적인 리더의 역할(Context-Specific Abilities)과, 다양성을 이해하고 묶을 수 있는 리더십 기술(Universal

Leadership Skills)이 필요하다는 것이다.

세계화는 더 이상 막을 수 없는 추세이다. 또한 한국의 많은 젊은이들이 글로벌 리더가 되기 위해 노력하고 있다. 누구나 리더가 될 수는 있지만, 세계화와 리더십의 정확한 이해 없이는 아무도 글로벌 리더가 될 수는 없을 것이다.

2장 리더십은 인간사회에서만 존재하는가?

인류를 포함한 모든 동물의 세계에서 군집생활은 개인들의 생존과 번영에 직접적으로 연결되어 졌다. 왜냐하면, 그룹을 결성해서 생활한다는 것은 침입자로 부터의 대응이나 다른 그룹들과의 먹이 경쟁 혹은 효율적인 양육 등에서 혼자서 하는 것 보다는 훨씬 많은 이점을 가지기 때문이다.

이번 장에서는 실제 연구에서 밝혀진 동물 세계의 리더십을, 군집 생물의 근본속성으로서의 리더십 관점에서 살펴보고, 리더십에 대한 이해의 폭을 넓혀 갈수 있도록 한다. 또한 이러한 설명을 바탕으로 하여 현대사회의 조직특성을 이해하고, 근원적 속성의 리더십과 조직 생활에서의 접목 가능성을 살펴볼 것이다.

동물원에서 가장 인기 있는 동물 중에 하나는 바로 침팬지나 원숭이들과 같은 영장류이다. 그것은 아마도 인간과 닮은 점이 많기 때문일 것이다. 지금까지 인간과 동물사이의 차이를 좁힐 수 있는 연구들이 진행되어 왔다. 고든 갤럽(Gallup, 1970)은 유인원이 거울 속의 자신을 인지한다는 사실을 증명하였고, 제인 구들(Goodall, 1969)은 야생 침팬지가 자기 스스로 만든 도구를 사용하는 모습을 관찰 하였다. 나아가 가드너 부부(Gardner & Gardner, 1969)는 손놀림 형태를 빌려 많은 신호를 가르치는데 성공함으로써, 유인원들이 무슨 생각을 하고 어떻게 느끼는 지에 대해 사실들을 확실하게 밝혀냈다(황상익 옮김, 1995; p12). 특히 야생 침팬지는 수렵을 하고 전쟁을 일으켜 자신들의 세력범위를 확장 시키고 식생활을 공통으로 해결 하는 모습 등, 사람과 유사한 행동 패턴을 지니고 있다.

위의 침팬지의 경우는 영장류의 세계에서도 리더와 리더십의 존재가 필요함을 보여주는 예라 할 수 있다. 대부분의 다른 종들과는 달리 영장류 사회에는 구성원들 사이의 지배관계가 뚜렷한 계급체계가 구축되어 왔으며, 계급체계 내에서 지배와 복종이라는 특수한 관계를 형성하고 있다. 그러므로 이 장에서는 동물들의 군집생활을 통해 나타나고 있는 특성을 동물학자들의 연구결과를 토대로 구체적으로 서술함으로써 어떠한 특성의 리더십이 작용하고 있는지를 추론해 보고자 한다. 이러한 시도는 영장류로서의 인간의 위상을 한층 높여줄 뿐만 아니라 인간외의 동물들에서 관찰할 수 있는 '지배적 특성 및 리더의 역할'에 대해 생각해 봄으로써 리더와 리더십에 관한 연구에 효과성을 높여 줄 수 있다. 또한 이러한 시도는 리더와 리더십에 관한 다양한 관점을 시사하고 있다.

한편, 인류를 포함한 모든 동물의 세계에서 군집생활은 개인들의 생존과 번영에 직접적으로 연결되어 졌다. 왜냐하면, 그룹을 결성해서 생활한다는 것은 침입자로 부터의 대응이나 다른 그룹들과의 먹이 경쟁 혹은 효율적인 양육 등에서 혼자서 하는 것 보다는 훨씬 많은 이점을 가지기 때문이다. 따라서 이번 장에서는 실제 연구에서 밝혀진 동물세계의 리더십을, 군집 생물의 근본속성으로서의 리더십 관점에서 살펴보고, 리더십에 대한 이해의 폭을 넓혀 갈수 있도록 한다. 또한 이러한 설명을 바탕으로 하여 현대사회의 조직특성을 이해하고, 근원적 속성의 리더십과 조직 생활에서의 접목 가능성을 살펴볼 것이다.

리더십은 기본적으로 인간의 행위에 관해 초점을 맞추고 있다. 그런데 인간은 어떠한 행동을 할 때, 심리적, 감정적 영향을 많이 받기 때문에 인간의 행동에 근거하여 리더십을 파악한다는 것은 많은 한계점을 갖고 있다. 또한 인간의 행위는 외부조건에 따라 다양하게 표출될 수 있다. 이러한 점은 인간을 대상으로 하는 모든 리더십 연구들이, 실제로는 근본적인 리더십의 속성 및 중요성을 간과하기 쉬운 조건 속에서 이루어지고 있음을 의미한다. 이러한 의미에서 동물들의 리더십을 살펴보는 것은 리더십의 근본적 이해에 도움이 될 수 있을 것이다. 간혹 동물들의 리더십을 다루었던 책들이 있기는 하나, 대부분 피상적인 수준의 내용에 머무르고 있어 이러한 내용들을 기반으로 리더십의 근원적 속성을 파악해 내기란 참으로 어렵다. 본 장에서는 동물학(Zoology) 학자들이 발표한 학술적 논문의 내용들을 토대로 하여 동물들의 리더십이 인간의 리더십과 어떠한 차이점과 유사점을 지니고 있는지에 대해 탐구해 보도록 하자.

만일 어떠한 종에서든, 리더십이 발휘되어 진다면 이는 곧 어떠한 인간이든, 리더가 될 수 있다는 전제를 가능하게 한다. 그러므로 리더십은 인간만이 소유하고 있는 특정한 기술이 아니며 모든 군집생활을 하는 동물들에게서도 나타나는 것으로 볼 수 있다.

1. 동물들의 행동특성과 리더십

2005년, 세계적으로 유명한 과학 잡지인 네이쳐(Nature)에는 매우 흥미로운 연구[7]가 게재되었다. 동물들이 집단으로 움직이고 먹이를 찾으려고 할 때, 소수의 동물들만이 가지고 있는 정보가 집단의 의사결정에 영향을 미친다는 내용이었다. 일반적으로 군집생활을 하는 동물들은 무리에 중요한 결정을 내릴 때에 반드시 다른 동물들과의 상호작용을 통해 의사결정을 한다고 알려져 있다. 그러나 특이한 것은 먹이의 위치나 이동경로 등의 정보는 극소수의 동물들만이 알고 있다는 것이다. 이와 같은 정보의 비대칭성이 동물들의 리더십에 영향을 미치게 된다. 정보를 많이 가지고 있는 소수의 동물이 집단의 리더로써 기능하게 되는데, 이와 같은 리더십은 앞서 살펴본 바와 같이 리더에 능력에 기

7) Couzin, I, D., Krause, J., Franks, N. R., and Levin, S. A., 2005, Effective leadership and decision making in animal groups on the move, Nature, Feb. 3: 513-516.

인하는 리더십으로 파악될 수 있다. 그러나 언제나 특정한 개체가 많은 정보를 가지고 있을 수 는 없다. 따라서 정보습득 정도에 기반한 동물들의 리더십은 상황론적 특성을 동시에 가지고 있다고 볼 수 있다.

[그림 1-8] 동물들의 리더십을 연구한 네이처의 표지

우리가 잘 알고 있는 벌들의 왜글 댄스(Waggle Dance)는 먹이를 발견한 한 마리의 벌이 동료들에게 먹이의 정확한 위치를 알려주는 의사소통 수단이다. 일벌들이 비행을 하다가 자원을 획득할 수 있는 원천을 발견할 경우, 발견한 벌은 다른 벌들에 비해 자원의 위치와 이동 경로 등에 대해 더 많은 지식을 가지고 있게 된다. 따라서 이러한 경우 자

원을 발견한 벌은 상황에 맞는 리더십을 발휘하게 되는 것이다. 그러나 극소수의 동물들의 정보에 의해 집단의 의사결정이 내려진다는 사실은 매우 흥미로운 일이다. 이러한 사실은 집단생활을 하는 개체의 경우, 기본적으로 리더십의 원리가 작동한다는 의미로써, 리더십이 인류를 포함한 모든 종의 근본적이고 원초적인 특성이라 볼 수 있는 증거이기도 하다. 벌들의 경우처럼 그때그때 상황에 맞는 리더십을 개인에 대한 리더십 특성이라고 본다면, 조직 생활에서 생각할 수 있는 리더십의 특성 역시 동물들에게서도 찾아볼 수 있다.

집단생활을 하는 동물들의 종류는 대단히 많이 존재한다. 그런데 일반적으로 집단의 크기가 커질수록 의사결정에 영향을 미치는 동물의 수는 더 적어진다고 한다. 이는 집단의 크기가 커질수록 위계질서가 엄격히 적용되고 있다는 것을 의미하는 것이며, 자연스럽게 리더에 대한 중요성이 더욱 커진다는 것을 알 수 있다. 그렇다면 만일 소수의 동물들이 알고 있는 정보가 잘못된 것이거나 다른 동물들도 대부분 알고 있는 정보라면 의사결정에 영향력을 행사하는 리더들은 어떻게 대응할 것인가? 여기에서 군집생활을 하는 동물들의 리더십이 발현될 수 있다. 만일 동물들이 대부분 가지고 있는 정보이거나 정보의 내용이 다소 불확실한 경우를 바탕으로 하여 전체 무리의 이동이 필요할 경우, 그룹의 의사결정은 정보들의 오차를 최소화 할 수 있는 방향으로 선택되어진다. 동물 사회에서 리더의 리더십은 이러한 경우에 나타나며, 동물들이 가지고 있는 상이한 정보들을 최적화 하는 일들을 수행하게 된다는 것이다.

이와 같은 결론은 현대조직의 특성인 제도속에서의 리더의 역할과 흡사하며 동물들의 세계에서도 제도화되고 합리적인 권위가 통용될 수 있음을 보여주는 것이다. 리더십은 개인적 특성으로 볼 수도 있고, 혹은 집단생활의 결과로써 나타나는 현상으로 파악할 수도 있다. 그러나 분명한 것은 개인이 가지고 있는 특성이나 조직현상으로 발생하는 리더십이 동물들의 세계에서도 어느 정도 관찰 가능하다는 것이다. 일반적으로 동물들의 리더는 가장 힘이 센 수컷 우두머리 정도로 생각할 수 있다. 이것은 일종의 카리스마를 통한 권위로 파악될 수 있다. 대부분의 육식 동물의 집단에서 이러한 개인적 특성에 근거한 리더십이 나타난다고 하면 전통적 권위에 기반한 리더십이 등장하는 동물들도 있다. 코끼리 무리의 리더는 가장 나이가 많은 암컷이라고 한다. 경험이 많은 무리의 암컷을 신뢰하는 코끼리들의 습성은 리더의 권위를 전통적 권위에서 찾으려는 시도와 무관하다고 볼 수 없을 것이다. 물론 동물들의 리더십이 어떠한 메커니즘을 통해 수행되는가에 대해서는 연구가 계속 진행되어 져야 하지만 어찌되었든 동물들의 생활에서도 리더십이 중요한 역할을 하고 있다는 것만은 분명해 졌다.

(1) 동물 리더의 특성론적 관점(의사결정과 리더십)

· 고릴라의 개인 중심적 리더십[8)]

동물들의 리더십이 어떠한 메커니즘을 통해 집단의 의사결정에 영향을 미치고, 구현되어지는 가에 대해서는 인간과 비교적 유사한 DNA를 가지고 있는 영장류를 통한 연구들에서 구체화되어진다.

고릴라는 영장류 중에서 가장 큰 동물로 중앙 아프리카 우림지대에 사는 초식 동물이다. 고릴라 속에는 서부 고릴라 와 동부 고릴라 각 두

8) Schaller, G. B. 1963. *The Mountain Gorilla: Ecology and Behavior*. Chicago: University of Chicago Press.

종이 있으며, 각 종은 두 개의 종으로 다시 나누어진다. 고릴라의 DNA는 인간의 것과 97%~98% 일치한다. 그러나 두 종 다 오랜 서식지 파괴와 밀렵으로 인해 멸종 위기에 놓여 있다고 한다. 재미있는 것은 모든 고릴라의 혈액형은 B형이며, 염색체는 24쌍으로 구성되어 있다는 것이다. 여기에서 다루고 있는 고릴라는 학명이 'Gorilla Berringet'으로, 일반적으로는 산악 고릴라로 알려진 이 동물은 개인적인 리더십(Personal Leadership)에 의존한다.

리더 고릴라는 리더로써의 독보적인 지위를 그룹 의사결정에 적극 활용한다. 리더는 몸집이 가장 크고 힘이 센 수컷이며, 그룹에서 리더의 위치는 절대적이고 모든 멤버들이 리더의 지위나 행위들에 관해 정확히 인식한다. 만일 고릴라 그룹이 모두 다른 곳으로 이동해야 할 필

[그림 1-9] 고릴라

요가 있다면, 의사결정에 있어 리더의 의사가 절대적인 권위를 차지하게 된다. 리더는 매우 엄격한 자세나 행동으로 리더가 떠날 준비가 되어있음을 모든 그룹멤버들에게 알리게 되고 그가 선택한 방향으로 빠르게 움직이기 시작하면 멤버들은 리더를 따르기 시작한다. 고릴라 리더의 이러한 행태는 전형적인 카리스마의 표출로 볼 수 있다. 철저하게 카리스마적 리더에 의존하는 무리들이 존재한다면 집단은 시스템화 할 필요성을 느끼지 못할 수도 있을 것이다. 이러한 리더십은 리더십의 근원이 리더의 특성에 기인하는 개인적 리더십으로 파악할 수 있다.

카리스마는 앞서 베버의 논의에서 간략히 살펴본 바와 같이 지극히 개인적인 특성으로 볼 수 있다. 또한 학자들에 따라 카리스마가 정의되는 방식은 다양하다. 하우스(House, 1977)의 연구에서는 카리스마란 지배, 타인에게 영향을 미치고자하는 강력한 욕망, 자신감, 도덕적 가치 등으로 정의될 수 있으며, 콘거와 카눈고(Conger & Kanungo, 1998)는 카리스마 리더의 5가지 행동속성을 비전과 조작, 환경에 대한 민감성, 구성원에 대한 민감성, 개인적인 위험감수, 틀을 벗어난 행동 등으로 기술하기도 했다. 리더 고릴라의 행동은 강력함과 결단력을 가지고 있다. 이러한 리더의 특성은 고릴라 무리들이 난처한 상황에 처해 있을 경우 빛을 발하게 된다. 무리들은 그저 리더의 움직임을 주목하고 묵묵히 따르기 때문에 리더의 판단이 옳기만 하다면 어려움을 극복할 수 있을 것이다. 그러나 이러한 고릴라 리더의 특성에는 다른 무리들의 의견을 묵살하기 쉬우며 따라서 현실감이 결여될 수 있다. 무리에 위협을 주는 요인들을 오판 할 경우 전체 무리를 더욱 위험하게 만들 수도 있다. 단순히 힘에 의지하는 고릴라의 카리스마는 만일 리더가 좋은 의도를 가지고 있지 않거나 리더의 자질이 낮으면 전체무리를 광적인 집단으로 만들 수도 있다.

· 망토 개코 원숭이의 분배적 리더십[9)]

망토 개코 원숭이는 에티오피아에서 아라비아반도에 걸친 지역의 황량한 바위산에서 매우 큰 무리를 지어 서식하며, 먹이는 식물질 외에 바위 밑에 있는 곤충이나 작은 도마뱀 등을 잡아먹기도 한다. 일반적으로 몸 빛깔은 갈색이 도는 회색으로, 회색과 옅은 갈색으로 얼룩진 털이 나 있다. 수컷의 경우 머리 옆에서부터 앞가슴 · 옆구리에 걸쳐 나 있는 털이 마치 망토를 입은 것처럼 보여 이런 이름이 붙게 되었다. 주로 낮에 먹이를 찾아 이동하고, 밤에는 바위 절벽에서 잠을 잔다.

망토 개코 원숭이를 포함하여 모든 동물들에게는 집단 이동이 무리

[그림 1-10] 망토 개코 원숭이

9) Kummer, H. 1968. *Social Organization of Hamadryas Baboons*. Chicago: University of Chicago Press.

에 있어 가장 중요한 문제이다. 특히 망토 개코 원숭이는 무리가 이동해야할 시기에 그들만의 특징적인 리더십 특성이 보여 진다. 이동해야 할 방향의 선택과 관련된, 그룹의 의사결정에 영향을 미치는 리더십으로는 망토 개코 원숭이만의 리더십이 적용되기도 한다. 산악 고릴라와는 달리 망토 개코 원숭이(학명: Papio Hamadryas)들의 리더는 분배된 리더십(Distributed Leadership)이 적용된다.

망토 개코 원숭이들은 리더의 독단적인 결심에 의해 무리 전체가 움직이는 것이 아니라, 마치 인간들이 중요한 결정에 대해 투표하는 것처럼 행동하여 최종적으로 그들의 목적지를 결정한다. 망토 개코 원숭이들의 리더십 특성은 그룹의 중요한 의사결정에 있어, 리더에게 리더십이 집중되어 있지 않다는 것이다. 그룹의 수컷은 자신들의 영역을 둘러보고 멤버들과 소리를 이용한 언어적 특성이나 다양한 몸짓을 이용하여 커뮤니케이션을 실시하고 이에 따른 의사결정을 하게 된다. 멤버들의 수가 많을수록 다양한 커뮤니케이션 방법들이 필요하게 되며, 따라서 몸짓 보다는 음성적 특성이 발달하게 된다.

중요한 것은 그룹의 이동에 필요한 당위성이 리더에 의해 주도되지 않는다는 사실이다. 확고한 위계적 서열이 존재하고 있지만 그룹의 중요한 의사결정이 멤버들에 의해 주도 되고 있다는 것은 망토 개코 원숭이들이 나이, 성별, 지위 등 멤버들의 다양성을 인정하고 있다는 것으로 받아들일 수 있다. 이는 현대사회가 점점 글로벌화 되어가고 있는 현실에서 다양성에 대한 리더십의 측면을 보여주고 있어 매우 흥미로운 현상으로 볼 수 있을 것이다. 또한 이들의 리더십에 있어 더욱 재미있는 사실은 리더십의 구현에 있어 다양성을 인정한다는 것과는 달리, 이들 원숭이들의 그룹에도 인간의 그것과 마찬가지로 리더를 기준으로 **내집단**(In-Group)과 **외집단**(Out-Group)이 나누어져 있다는 것이다.

(이에 대해서는 다음 장의 사례 및 이론 설명에서 리더-멤버 교환이론(Leader-Member Exchange)을 참고하기 바란다) 즉, 원숭이 리더는 무리중에서도 내편, 네편을 가른다는 의미이다. 리더인 수컷은 주로 외집단의 원숭이를 등지고 앉아 내집단의 원숭이들과 커뮤니케이션 하고 주로 리더의 입장에서 '내편' 이라고 생각되는 그룹 원숭이들의 의견을 더 중시한다. 특히 이러한 성향은 망토 개코 원숭이의 분배적 리더십의 분석단위를 개인이 아닌 연결망으로 끌어올리고 있어 매우 주목할 만하다.

즉, 기존의 리더십 이론들이 집단 내 동질성을 가정하고 집단을 리더십 연구의 단위로 삼고 있는 **평균적 리더십 모형**(Average Leadership Style)에 초점을 맞추고 있었다면, 최근의 리더십 연구의 흐름은 한 집단의 리더가 각각의 멤버들에게 서로 다르게 행동하며 멤버들은 그 자신과 리더와의 관계를 각기 다르게 지각한다고 하는 접근법을 취하고 있다. 따라서 망토 개코 원숭이의 이러한 행위는 최근의 리더십 연구의 흐름과 일치한다고 볼 수 있다. 망토 개코 원숭이의 리더십은 리더와 내집단 무리들과의 상호 교환관계로 파악할 수 있다. 원숭이의 리더는 내집단의 무리들로부터 강력한 지지를 얻어낼 수 있으며, 또한 내집단 무리들이 원하는 방향으로 의사결정을 하게 된다. 결국 높은 수준의 관계를 형성하고 있는 내집단의 무리들은 리더 원숭이에게 직접적으로 혜택을 줄 수 있는 행동들에 열중하게 되고 리더는 그러한 내집단 원숭이들의 의견을 적극 반영하는 의사결정을 함으로써 그러한 행동들에 대한 보답을 하게 된다. 이러한 현상 역시 인간의 사회적 관계의 특성과 매우 흡사하여 리더십의 본질이 군집 동물들에게서 본능적으로 나타나는 특성임을 짐작케 해준다.

(2) 동물 리더의 상황론적 관점(조직구조와 리더십)

· 붉은 목도리 여우원숭이의 조직정체성과 리더십[10]

리더십의 상황론적인 관점은 리더십이 주어진 환경과 상황에 따라 달라질 수 있다는 것을 의미한다. 인간 사회뿐 아니라 동물의 사회에서도 환경적 영향이나 구성원의 태도 등은 동일한 종일지라도 달라질 수 있다. 그렇다면 구성원들이 가지고 있는 그룹에 대한 정체성에 따라 이들 동물리더들의 리더십이 달라질 수 있을까? 일반적으로 조직을 구성

[그림 1-11] 붉은 목도리 여우원숭이

10) Overdorff, D. J., Erhart, E. M. & Mutschler, T. 2005. Does female dominance facilitate feeding priority in black-and-white ruffed lemurs (Varecia variegata) in southeastern Madagascar? American Journal of Primatology, 66: 7-22.

하고 있는 구성원들은 시간이 지남에 따라 점차 조직에 대한 몰입도가 증가하는 것으로 알려져 있다. 구성원들의 조직 몰입이 증가함에 따라 조직의 성과도 좋아지게 된다. 따라서 현대 조직의 리더십은 구성원들의 조직에 대한 정체성을 증가시키는 역할을 수행해야 할 수도 있다. 동물세계의 리더십은 그룹의 정체성과 밀접하게 연관되어 진다. 붉은 목도리 여우 원숭이(학명 : Varecia Variegata)는 이러한 특성을 그대로 보여준다.

붉은 목도리 여우 원숭이들은 그룹의 특성이 안정된 상태 즉, 멤버들의 교체가 빈번하지 않은 상황에서는 매우 지속적인 리더십이 구현된다. 멤버들이 안정된 상태에서는 암컷 리더가 지속적으로 그룹을 관리하며 중요한 결정을 내리기 때문이다. 그러나 멤버들이 불안정한 상황 즉, 멤버들의 빈번한 교체가 있는 그룹이라면 독보적인 리더십은 구현되지 않는다. 이러한 상황에서는 각기 다른 리더들이 돌아가면서 조직을 이끌게 된다는 것이다.

이는 구성원들의 정체성에 기반한 그룹의 안정성이, 리더십의 발현을 주도하고 있다는 것으로써, 리더십의 상황이론과 매우 흡사한 행동으로 파악할 수 있다. 일반적으로 개인의 자아인식은 개인적인 특성에 기인하기도 하지만 개인이 속해 있는 그룹 혹은 사회에 대한 정체성과 연결되어 있다. 이는 조직 구성원 각 개인들이 다양한 그룹에 속하여 공통적인 정체성을 공유하며 집단적 자각을 가지기 때문인데, 조직과의 일체감이 형성됨으로써 조직에 속한 구성원들은 정신적으로 조직의 운명과 그들 자신을 엮게 되며 자신의 성공과 실패를 조직과 공유하게 된다(박용석 & 류기현, 2008). 따라서 구성원들의 시스템적인 측면을 고려하더라도 조직에 대해 완벽한 합리적 시스템은 구축하기 어렵다. 또한 모든 구성원들이 완벽하게 조직에 대한 정체성을 유지할 것이라는 상상은 이상적인 세계에서나 가능한 일이다. 리더는 붉은 목도리 여우 원숭이처럼 조직 구성원들의 정체성의 정도를 면밀히 살펴볼 필요가 있을 것이다. 또한 조직 정체성의 정도에 따라 구성원들이 따르게 되는 권위의 유형은 달라질 수 있다.

· 얼룩말의 조직 리더십[11]

초원에서 서식하고 있는 얼룩말(학명 : Equus Burchelli) 들은 더욱 놀라운 조직구성과 행동으로 리더십의 특성을 보여준다.

[그림 1-12] 얼룩말

11) Fischhoff, I R., Sundaresan. S. R.,, Cordingley, J., Larkin, H. M., Sellier. M-J., & Rubenstein. D. I., 2007, Social relationships and reproductive state influence leadership roles in movements of plains zebra, Equus burchellii., Animal Behaviour, 73: 825-831.

이들 얼룩말들은 다차원적인 조직구성을 가지고 있으며 리더십의 특성이 이에 따라 다양하게 표출된다. 얼룩말 조직은 핵심그룹과 전체그룹으로 조직이 나누어진다. 핵심그룹은 한 마리의 종마와 여러 마리의 암말로 구성되며, 이들의 조직특성은 매우 안정적이고 지속적이다. 핵심그룹 여러 개가 모이게 되면 얼룩말들의 전체 조직이 이루어지게 된다. 그런데 전체조직은 핵심조직에 비해 매우 불안정한 성격을 가질 수밖에 없다. 왜냐하면 전체조직은 이해관계가 없는 몇 개의 핵심그룹들로 이루어 졌기 때문이고, 또한 전체 조직에서 암말의 생식기간이 모두 다르며 이에 따라 필요한 자원(먹이로 필요한 풀이나 물의 양)이 달라지기 때문에 조직 특성이 분리될 수밖에 없다. 따라서 핵심그룹의 특성은 매우 안정적인 반면, 전체조직은 핵심조직의 특성에 따라 각 그룹들이 지속적으로 바뀌는 불안정한 특성을 가지고 있다.

핵심그룹들의 리더가 강력하고 지속적인 리더십을 발휘하는 반면, 전체조직의 리더는 구체화 되지 않을뿐더러 특별한 리더십을 발휘하지도 않는다. 이는 동물의 세계에서는 가장 힘이 있는 리더의 리더십이 강력한 영향을 준다는 기존의 생각을 부정하는 것으로써 동물의 리더십에도 조직의 상태에 따라 다양한 리더십이 발생한다는 사실을 보여주고 있다. 현대 조직은 그 범위와 영향력이 더욱 커져가고 있다. 조직의 성장이 진행되면서 조직의 관리구조는 더 많은 권력이 하부로 위임되고, 일정한 영역에서 권력을 가지고 활동하며, 책임지는 다수의 구성원들이 생겨나게 된다. 얼룩말의 조직은 점차 비대해 지는 현대 조직의 특성을 그대로 보여주는 좋은 사례이다.

(3) 동물 리더의 행위론적 관점(통치구조와 리더십)

· 개미의 첫 번째 리더십[12)]

리더십의 행위론은 리더가 보여주는 행위에 그 초점을 맞추고 있다. 따라서 이와 같은 연구의 흐름은, 리더십을 리더의 행동 스타일로 규정하여 각 리더십 스타일의 유효성을 검증하는 형태의 연구로 발전하기 시작하였다.

개미는 매우 특이한 집단생활과 습성을 가지고 있으며 그 종류도 매우 다양하다. 각 종마다 약간씩 다른 리더십 행동을 보이고 있지만 개미만큼 놀라운 리더십 특성을 보이는 동물은 없을 것이다. 개미는 전 세계에 분포하며, 특히 더운 지방에 많이 서식한다. 개미는 어느 것이나 조직사회에서 더불어 살고 있다. 크기가 2~25㎜이고 몸은 보통 황색 · 갈색 · 붉은색 · 검은색 등을 띠고 있다. 개미의 두드러진 특징은 머리가 큰 것과 타원형에 가까운 복부가 잘룩한 허리에 의해 가슴과 연접해 있는 점이다. 촉각은 구부러져 있고 2벌의 턱으로 되어 있는데, 바깥쪽 것은 먹이 같은 것을 운반하거나 땅을 팔 때 쓰고 안쪽 것은 씹는 데 사용한다. 어떤 종류는 복부 끝에 강력한 침을 가지고 있다.

개미 사회는 3가지 계급, 즉 여왕개미 · 수개미 · 일개미로 구성되어 있다. 어떤 종은 다른 종의 둥지에 기생하여 그 유충이 숙주 일개미에 의해 먹이가 제공되고 사육된다. 대부분의 개미는 땅속이나 바위 아래 또는 지상에 잔가지나 모래 · 자갈로 만들어진 둥지에서 살고 있으며, 왕개미는 오래된 통나무나 재목 속에서 서식하기도 한다. 개미의 생활사는 4단계, 즉 알 · 유충 · 번데기 · 성충으로 되어 있고, 한 세대

12) 최재천, 1999, 개미제국의 발견. 사이언스 북스.

가 8~10주이다. 여왕개미는 산란으로 일생을 보내며 일개미는 암컷으로서 집을 짓는 일을 하고, 몸집이 큰 병정개미는 자기 군집의 방어에 임한다. 1년 중 어느 시기가 되면 숫개미와 여왕개미는 날개가 생겨 높이 비행하여 교미한다. 그리고 얼마 안되어 숫개미는 죽고, 정자를 받은 여왕개미는 새로운 보금자리를 이룩한다.

[그림 1-13] 개미

개미의 종류는 실로 다양하고 각 종의 행동들은 매우 독특한 특성을 가지고 있다. 그러나 공통적인 특성은 개미사회의 중심에는 여왕개미가 있다는 점이다. 개미의 사회는 참으로 흥미로운 사회이다. 철저한 여왕 중심의(독재라고 표현할 수 있을 정도) 사회이지만 불평등이나 착취 같은 것은 존재하지 않는다. 또한 인간 사회에서 볼 수 있는 온갖 다양한 일들이 발생하기 때문에 특정한 리더십 스타일을 개미에게서 찾아보기란 쉽지 않다. 오히려 다양한 리더십 스타일이 적용된다고 할 수 있다.

그러나 주목할 만한 것은 초기 개미사회가 형성될 무렵에 보여주는 여왕개미의 서번트 리더십이다. 우리가 일반적으로 가지고 있는 상식수준에서, 개미는 완벽히 여왕개미의 리더십에 의해 사회가 유지되어 진다. 따라서 서번트 리더십과는 다소 거리가 먼 개념으로 생각하기 쉽다. 그러나 여왕개미의 리더십에서 서번트 리더십의 사례를 발견할 수 있다.

개미사회에서는 여왕개미는 물론이거니와 일개미들도 모두 암컷이다. 똑같은 암컷으로 태어났지만 어떤 개미는 여왕이고 어떤 개미는 일만하는 개미가 되어 버렸으니 한편으로는 매우 불공정한 사회로 인식될 수도 있을 것이다. 그러나 여왕개미는 일개미에 비해 엄청나게 비대해져 좁은 굴 안에서 움직이지도 못하고 일개미에 의해 영양분을 섭취한다. 또한 평생 알만을 낳으며 개미사회를 유지해야 한다. 이러한 관점에서 보자면 여왕개미 자신이 스스로를 희생하지 않으면 개미사회는 생성되지도, 유지되지도 못한다. 따라서 여왕개미의 리더십은 서번트 리더십에 근거한다고 볼 수 있을 것이다. 기본적으로 서번트 리더십은 여왕개미의 경우처럼, 희생정신과 맥을 같이 한다.

서번트 리더십은 그린리프(Greenleaf) 라는 학자가 1970년대에 "Servant as Leader" 라는 제목의 에세이집을 출판하면서 유래되었다. 그린리프는 모든 사람은 **서번트 의식**을 가지고 있다고 가정한다. 때문에 인간 본연의 서번트 의식이 다른 사람들을 배려하고 이들에게 봉사하고 헌신하는 것을 가능하게 할 수 있다. 그린리프의 주장에 따르면 위대한 리더는 먼저 서번트로 비쳐져야 한다는 것이다.

"....개미의 군락은 보통 여왕개미의 혼인비행으로부터 시작된다. 처녀 여왕개미들은 자신의 거처를 떠나 수개미를 만나 교미를 한다. 이후 여왕개미는 자신의 날개를 부러뜨리고는 집터를 찾아 새로운 사회를 건설한다. 교미를 마치고 알을 낳을 준비가 되어있는 여왕개미는 좁디좁은 단칸방속에 스스로를 가둔 뒤 먹지도 않고 오로지 자식들을 키우기에 전념한다. 쓸데없이 먹이를 구하러 밖으로 나오게 되면 자신의 사회를 건설해 보지도 못하고 죽음을 당할 수 있기 때문에 여왕개미는 철저하게 자신을 희생해 가며 개미사회를 건설하려 한다. 여왕은 몸속에 축적했던 지방과 이미 쓸모없게 되어버린 날개근육을 분해하여, 에너지로 삼고 일개미들을 키우는데 전념한다...."

– 개미제국의 발견 중, p29 –

앞서 설명한 서번트의 리더십은 자신의 희생으로부터 출발한다. 그린리프는 섬김에서 시작하는 리더와 처음부터 리더로 시작하는 사람의 차이점에 대해 분명히 선을 긋고 있다. 처음부터 리더로 시작하는 사람은 권력과 권위, 물질에 관심을 가지고 있지만, 섬김에서 시작하는 리더는 다른 사람의 필요를 확인하고 그 필요를 채울 수 있도록 돕는 것에 가장 큰 주안점을 둔다는 것이다. 초기의 여왕개미는 권력과 권위 혹은 물질 등에 전혀 구애받지 않는다. 자신의 몸을 희생해 가며 새로운 사회를 건설하려 하기 때문이다. 결국 여왕개미의 자기헌신이 없다면 새로운 개미사회의 건설은 불가능하다. 따라서 기본적으로 여왕개미의 리더십에는 섬김의 리더십이 전제되어 있다고 볼 수 있다.

· 개미의 두 번째 리더십[13)]

개미사회의 시작은 여왕개미의 자기희생으로부터 출발하지만 일단 개미들의 사회가 완벽히 정착된 뒤에는 여왕개미는 다른 형태의 리더십을 보여준다.

우리가 일반적으로 알고 있기에는 여왕개미는 일개미들의 보호와 부양을 받으며 알을 낳는 일만하고, 일개미들은 그런 여왕이 오로지 알 낳는 일에만 전념할 수 있도록 개미사회의 모든 일들을 책임지게 된다. 그러나 이러한 일들은 사실 여왕개미의 독선적인 리더십의 결과로 해석할 수 있다. 왜냐하면 만일 일개미들이 낳은 개미들이 자신의 사회에서 세력을 가지게 되면 여왕개미 자신은 그 사회에서 죽음을 당할 수 있기 때문이다.

개미사회에서는 오직 여왕개미만이 알을 낳고 일개미들은 여왕개미의 알을 돌보는 일만 하는 것으로 알려져 있지만 실제로 일개미들이 난소를 완전히 잃은 것은 아니며 때때로 알을 낳는 경우가 있다고 한다. 일개미들이 알을 낳는다고 해도 독자적으로 새로운 집단을 만들기는 어렵겠지만, 그래도 일개미들이 자신들의 세력집단을 형성할 수 있다는 사실은 전체 조직에 있어 매우 위협적인 존재가 되기에는 충분하다. 왜냐하면 여왕의 자식들과 일개미의 자식들이 같은 공간 안에서 생활한다면 그만큼 여왕의 자식들에게 돌아가야 할 권리들이 침해 받기 때문이며, 궁극적으로 여왕의 왕국에 갈등의 소지가 생기기 때문이다. 이러한 상황을 여왕개미가 인지하게 되면 여왕개미는 매우 강력하고 잔인한 리더십을 발휘한다. 일개미가 알을 낳으려고 한다는 사실을 여

13) 전주호, 강동호 옮김, 2001, 동물사회의 생존전략, 푸른 미디어

왕개미가 인지하게 되면, 여왕개미는 일개미의 알들을 직접 찾아내어 모두 먹어 치운다고 한다. 이러한 독선적 리더십은 여왕개미가 지배하는 사회에서 일개미들이 따로 수개미를 기른다는 것이 여왕개미의 입장에서는 도전으로 읽혀지기 때문이다. 또한 노예를 부리는 동물이 지구상에 오직 인간과 개미뿐이라고 하는 사실은 히틀러와 같이 무자비한 리더로써의 여왕개미 모습을 상상하게 한다.

여왕개미는 이와 같이 서번트 리더로써 그리고 독재적, 독선적 리더로써 개미사회를 통치한다. 특히 여왕개미의 사례에서 중요한 것은 사회 혹은 조직의 특성에 따라 리더십도 달라진다는 것이다. 동물들의 사회는 기본적으로 '약육강식'의 법칙이 존재한다. 따라서 동물들의 리더십은 이러한 자연법칙에 맞춰 최적화된 리더십이라 볼 수 있다. 그러나 개미의 경우에는 '약육강식' 이라기보다는 조직을 이끌어나가는 측면에서 최적화 되어 있어 사람들에게서 발생하는 리더십 특성과 매우 흡사하다고 볼 수 있다.

(4) 동물 리더의 학습론적 관점(학습된 능력과 리더십)

· 침팬지의 권력투쟁에서 비쳐진 태생적 역량의 한계[14]

군집생활을 하는 동물들은 대부분 군집내의 위계질서가 비교적 정확하게 지켜진다. 먹이를 먹을 때나, 짝짓기를 할 때는 어김없이 리더에게 우선권이 주어지며 따라서 대부분의 리더들은 가장 힘이 센 수컷이나 생식능력을 소유한 암컷이 된다. 인간과 가장 유사한 유전자를 가

14) 황상익 옮김, 1995, 침팬지의 권력과 성: 정치하는 원숭이, 동풍

[그림 1-14] 침팬지

졌다고 알려져 있는 침팬지 역시 집단적인 생활을 하며, 리더의 위치는 가장 힘이 센 수컷이 차지하게 된다. 여기까지만 살펴보면 침팬지 리더의 태생적으로 타고난 신체조건이 마치 무리를 통솔하는 리더십의 근원이 되는 것처럼 보인다. 그러나 침팬지들의 권력투쟁 양상은 리더의 본능적 역량의 한계를 보여주는 좋은 사례라 할 수 있다.

침팬지들의 권력투쟁은 단지 스스로의 능력에 의해 쟁취되지 않는다. 다른 동료들의 도움이 없이는 아무리 강한 힘을 가진 수컷이라 하더라도 스스로의 능력만으로 권력을 쟁취하지 못한다. 즉, 권력을 잡기 위해 침팬지간의 이합집산을 반복한다는 것이다. 만일 절대적인 힘을 가진 침팬지가 리더의 자리에 위치하고 있고, 그보다 힘이 약한 침팬지가 리더가 되길 원한다면 다른 수컷 혹은 암컷과 더불어 리더에 대항한다는 것이다. 그러나 이러한 동맹이 영원히 지속되지는 못한다. 무리로부터 배척당하는 침팬지라 하더라도 필요하다면 동맹이 될 수 있으며, 반대의 경우도 빈번히 발생한다. 결국 이러한 침팬지들의 행태는 동물들의 서열에 힘(Power)을 기본으로 한 극단적 위계질서가 기본이 아닐 수 있다는 사실을 의미한다.

수직적인 위계를 통해 동물들을 바라볼 때는 동물들의 본능적 능력이 리더의 자리를 차지할 수 있는 결정요인이 될 것이다. 그러나 수평적인 혹은 관계적 특성으로 동물들의 무리를 바라본다면 개인의 타고난, 본능적인 능력만으로는 결코 리더가 될 수도, 리더십을 발휘할 수도 없음을 알 수 있다. 수평적 사고로 침팬지 무리들을 살펴보면, 침팬지간의 혈연과 우정(Friendship)이 리더십의 근간이 될 수 있다는 것이다(황상익 옮김, 1995; p180). 실제로 침팬지들의 세계에서는 두 마리의 침팬지에 의해 분할 지배가 이루어지기도 한다. 단순히 힘이 센 침팬지는 주위의 적들에 대항하는 역할을 하는 리더가 되며, 무리를 효율적으로 다스리는 역할을 하는 리더가 동시에 존재하기도 하기도 한다.

리더의 타고난 능력으로 무리를 지배할 수 있다는 가정은 리더십의 초기연구에서 들어났듯이, 매우 **과소 사회화(Under-Socialized)**된 가정이다. 이러한 가정하에서는 리더의 역량이 리더십의 절대적인 원인으로 파악 될 수밖에 없으며, 관계 속에 학습되어 얻어진 능력들은 간과되기 쉽다. 그렇다고 해서 리더십이 단지 주위의 영향력만으로 완성되지도 않을 것이다. **과잉 사회화(Over-Socialized)**는 리더십의 존재 자체를 부정 할 수도 있는 논리를 제공해 줄 수 있기 때문이다. 침팬지의 사례는 리더의 타고난 능력(신체조건과 같은)이 리더십의 근원이 되기에는 부족하다는 것을 보여주고 있다. 타고난 능력이 부족하다 할지라도, 그것을 보완 할 수 있는 자신만의 역량을 키워 나가야 할 것이다. 힘에 기반한 안정된 수직관계는 무리의 안정에 부분적인 역할 만을 하기 때문에, 리더십을 개인의 타고난 능력 정도로 생각한다면, 그것은 리더십의 아주 작은 부분만을 보는 것이다.

· 모래무지의 사례를 통해서 본 리더경험의 중요성[15)]

위계적 조직 등의 환경적 특성과 리더의 특성 등이 리더십에 미치는 영향에 관해서는 이미 많은 연구가 진행되어 왔다. 군집생활을 하는 동물들 역시 리더십에 관해서는 환경적인 요인들과 개인의 특성에 요인들이 모두 복합작용을 하는 것으로 밝혀지고 있다. 이번 사례에서는 리더십의 특성이 만들어지거나 타고난 형태의 것이 아닌, 경험에 의해

[그림 1-15] 모래무지

15) Reebs, S. G., 2000, Can a minority of informed leaders determine the foraging movements of a fish shoal?, Animal Behavior, 59: 403-409.

누적적인 특성을 가지고 있다는 것을 설명하도록 할 것이다.

일반적으로 동물 리더라 하면, 다른 동물들에 비해서 크기가 크고 힘이 센 동물일 가능성이 높다. 그런데 이러한 개인적 특성으로 비롯된 리더가 다른 무리에 들어갈 경우에는 어떻게 될 것인가? 물론 다른 무리의 리더와 힘의 차이가 분명히 들어난다면 이러한 물음은 아무 의미도 없는 것이 될 수도 있다. 그러나 다른 무리의 리더와 유사한 힘을 가지고 있다면 이야기는 달라진다. 우리는 동물들이 리더로써의 경험을 중요하게 생각할 것이라고는 생각하지 않았다. 더군다나 지능이 크게 발달하지 못한 물고기 종류라면 더더욱 그럴 것이다. 그러나 위계적 조직군을 형성하고 있는 모래무지(학명: Elacatinus Prochilos)의 경우 리더로써의 경험이 중요한 요인으로 작용한다.

모래무지는 다른 동물들과 마찬가지로 개체의 크기나 힘의 세기로 리더의 위치가 결정된다. 또한 이들의 위계질서는 매우 엄격해서 리더의 영향력(리더의 영역)은 매우 극대화 되어 있다. 그런데 모든 모래무지의 크기가 유사한 두 집단에서 한 집단의 리더를 다른 집단에 넣었을 때와, 리더가 아닌 모래무지를 넣었을 때의 집단구성원 모래무지의 태도는 매우 상이하다고 한다. 다른 집단의 모래무지 리더가 들어왔을 때, 그 리더를 대하는 집단의 태도는 리더가 아닌 모래무지가 들어 올 때 보다 훨씬 수용적이며, 비록 다른 집단의 리더였지만 그 집단에서 곧 자신의 영역을 확보할 수 있다고 한다.

이렇듯 리더로써의 경험은 리더에게 있어 매우 중요한 자산이 될 수 있다. 리더의 능력은 일시적인 시간 안에 만들어지거나 필요할 때 충전되는 것이 아니다. 리더의 능력이야 말로 조직이 가지고 있는 경쟁우위의 원천이며 가장 중요한 자원이다. 모래무지의 사례는 리더로써의 경험이 타고나는 것이 아니라 누적되는 특성을 가지고 있으며 따라서 리더십이 어떤 목표나 지위가 아닌 하나의 과정이라는 것을 잘 보여주고 있다. 리더로써의 경험은 그 자체로도 중요하지만 더욱 중요한 것은 경험으로부터 자신이 극복해야 할 단점을 알아내는 것이다. 우리 사회에서 리더로써의 경험을 중요하게 여기는 까닭은 조직 혹은 그룹의 의사결정에 있어 개인으로써의 단점으로부터 야기되는 제한점을 극복해 낼 수 있다는 사회적 믿음에 근거하고 있다. 이는 비단 인간 사회에서만 통용되는 것이 아니다. 동물들의 세계에서도 이러한 리더 경험을 중요하게 여긴다는 사실은 현대조직에서 리더십의 중요성을 다시 한 번 생각하게 하는 좋은 예가 될 것이다.

2. 동물들의 행동에 비추어본 인간의 조직생활과 리더십

동물학(Zoology) 학자들에 의한 연구 결과들은 지능이 낮은 동물 세계에서도 리더로써의 경험과 역량이 중요하게 작용하고 있으며, 무리의 특성과 같은 환경적 영향이 리더십에 큰 영향을 주고 있다는 결과를 보여줌으로써, 리더십이 곧 살아있는 모든 생물체의 근원적인 속성임을 나타내 주고 있다.

인간도 사회적 속성을 가지고 있으며 이는 현대조직에 가장 중요한 근간이 되고 있다. 그러면 먼저 인간의 사회적 속성이 어떻게 현대조직의 근간이 될 수 있으며 리더십에 영향을 주는가에 대해 생각해 보자. 인간은 기본적으로 무리를 지어 생활하고 사람들간의 관계속에서 자아를 인식하게 된다. 즉, 인간은 사회속에 배태(Embedded) 되어있는 존재이기에 독립적으로 살아가기 보다는 군집된 생활을 통해 인간은 비슷한 그룹의 인간들과 경쟁을 하게 되고, 효율적인 경쟁을 위하여 조직이 진화하게 되는 것이다. 그런데 문제가 되는 것은 여기에 관리적 위계(Managerial Hierarchy)가 형성되어 인간을 통제(Control) 하기 시작한다는 점이다. 인간의 사회적 속성은 앞서 살펴보았던 동물들의 그것과 크게 다르지 않다.

거시적인 관점에서, 군집생활이 필수적이나 핵심집단과 그렇지 않은 집단이 존재하며(얼룩말), 소규모 집단 속에서는 리더를 중심으로 내집단과 외집단이 존재하고(망토 개코 원숭이), 권력의 집중화 현상(고릴라)이 발생하기도 한다. 또한 이러한 집단속에서 얻어진 경험(모래무지)은 **학습이론(Learning Theory)**에 비추어 보더라도 개인에 있어 매우 중요한 역할을 할 수 있다. 관리적 위계(Managerial Hierarchy)의 이슈는, 기술의 발전에 의해 점차 조직의 사이즈가 커지게 되고 그러다 보니 처리해야 될 일들이 엄청나게 증가했기 때문인데, 아이러니하게도 필요에 의해 만들어진 관리적 위계가 사회적 특성에 의해 모이게 된 인간들을 분리하는 역할을 수행하고 있다. 현대적 조직이 발전함에 따라 인간들은 분리된 불안감을 느끼게 되고 이러한 불안감을 해소하기 위해 권위(Authority)에 적응 하려 한다. 때문에 조직현상에서 리더십의 연구가 가지는 의미는 매우 중요하다. 사람들이 권위에 적응하는 것이 그 권위의 형태와 원천이 다를 경우, 달리 표출 될 수 있기 때문이다. 따라서 모든 사람들의 암묵적 합의에 의한 권위(Authority)는 많은 사람들이 생각하기에 가장 객관적이고 보편적으로 인정할 수 있어야 한다.

(1) 현대 사회에서 인지된 리더의 역할

현대 사회에서 우리가 흔히 볼 수 있는 거대한 조직(기업과 같은)들은 환경의 영향에 절대적으로 반응하며 적응해야 한다. 특히 기업들은 세계적인 경기 침체, 유행의 변화 등 다양한 환경적 요소에 의해 생존이 좌우 될 수 있다. **전략적 선택 관점(Strategic Choice View)**은 환경에 대하여 조직의 임의적인 지향성을 강조하는 이론으로 볼 수 있다(Child, 1972). 이러한 가정은 의사결정을 하는 사람이 전략적 선택을 통해 어느 정도는 상황적 제약조건을 완화할 수 있다는 것이다. 그러나 일반적으로 환경이라는 개념은 불확실성이 너무 강하기 때문에 이를 정확히 정의하기란 쉬운 일이 아니다. 이러한 불확실한 환경속에서 리더는 조직의 핵심자원으로 볼 수 있으며, 리더십은 조직이 환경에서 쉽게 얻지 못하는 가장 중요한 자원일 수도 있다. 일반적으로 조직 내에서 인식되는 경영자 혹은 리더의 역할(Pfeffer & Salancik, 1978)은 다음과 같다.

첫 번째는 **상징적 역할(The Symbolic Role of Management)**이다. 여기에서 리더는 조직의 성공이나 실패의 상징이고 속죄양이며 사회적 행동과 산출물에 대한 인간적 통제력의 상징으로 표현된다. 그러므로 이와 같은 관점에서는 조직에 문제가 발생 했을 때, 가장 간단하고 쉬운 해결책은 리더를 교체하는 것이다. 이와 같은 주장은 리더의 역할에 대한 극단적인 면을 강조하고 있을 뿐, 리더를 조직의 중요한 자원으로는 파악하지 못하고 있다. 현직의 경영진의 능력은 주어진 시간 내에 시장에서 고용되거나, 조직이 필요할 때, 그때그때 충원 될 수는 없다. 현대 사회가 고도로 지식정보화 됨에 따라 다양한 능력 및 지식을 소유한 잠재적인 리더가 많이 존재한다. 심지어 이런 사람들이 일

자리를 구하지 못하는 경우도 있다. 상황이 그렇다면 우리는 시장에서 리더의 능력을 쉽게 구할 수 있을 것이다. 그러나 외부에서 초빙한 리더를 임명하는 것과 그들이 조직에 적합한 능력을 소유한 리더인가는 별개의 문제이다. 만일 조직이 매우 불안정한 상황에 놓여 있다면 그들에 의해 외부의 자원에 접근할 수 있고 따라서 불확실한 상황이 단기적으로 안정될 수는 있겠지만 문제는 그들을 유지해야 하는 비용과 그들에게로부터 얻어지는 효용의 관계이다. 즉, 외부에서 영입된 리더들은 그들 자신이 통제 할 수 있는 자원 혹은 상황이 제한되어 있기 때문에 그들로 부터의 얻을 수 있는 안정성은 일시적이거나 조직 전체 차원에서 매우 제한 적일 가능성이 높다. 그러나 그러한 사람들이 조직의 의사결정에 참여하는 기회가 많을수록 그들을 유지하는 비용은 계속 증가하게 된다.

조직의 리더들은 신규채용 직원이 가지지 못하는 경험으로부터 조직에 대한 모든 관리서비스를 제공하게 된다. 따라서 리더들의 역할은 조직 내의 기술만큼이나 생산적이고, 조직운영에 필수적인 부분이며, 모든 조직에게 필요한 유일한 자원으로 볼 수 있다. 자원의존이론에서는 자원의 활용보다 획득에 초점을 두고 있다. 그러나 리더를 자원으로 가정할 경우에 획득의 문제는 크게 중요한 것이 아니다. 예를 들어, 공장(Factory)의 경우 특수한 기계를 설치하게 되면, 설치하는 당시에는 그 기계가 매우 가치 있는 자산이지만 시간이 지날수록 그 가치가 떨어지게 된다(Penrose, 1959). 하지만 우리가 이 책에서 말하고 있는 리더들은 획득당시에는 그 가치가 크게 떨어질 수 있지만 시간이 지날수록 리더로써 경험이 쌓이게 되면서 더욱 가치 있는 자산이 될 수 있다는 것이다.

두 번째는 **조직 외부의 수많은 요구들에 대응하는 역할**(The

Responsive Role of Management)이다. 이러한 역할에 의하면 리더들은 조직이 당면하고 있는 요구와 제약에 대해 처리하며, 반응한다. 리더들은 상황을 평가하고, 그 상황의 제약에 조직이 어떻게 적응할 것인지를 결정하며, 적응을 이행한다고 보고 있다. 하지만 두 번째의 관점에서는 조직의 의사결정과정이 지나치게 외부적 요인에 의존하고 있다는 비판을 피하기 어려워 보인다. 그렇다면 조직의 외부적 요인, 조직에 원하는 환경의 요구(Demand)들은 자연적인 산물인가? 그렇지 않을 가능성이 크다. 즉, 조직에 대한 외적인 요구들이 자연적으로 발생하여 조직에 주어진 것으로 보지 않을 수도 있다. 예를 들어, 기업의 경우, 광고나 판매노력을 통해 수요자들의 요구를 변화시킬 수 있는 것으로 여길 수 있다는 것이다. 기업들이 물품을 판매하기 위해서는 비용이 발생하고 경쟁자의 판매활동을 고려하게 됨으로, 기업들은 자기 상품에 대한 수요가 자신의 적극적인 활동에 의해서 영향을 받게 됨을 인식할 수 있다. 기업의 활동은 소비자의 선호도에 영향을 미치게 되며, 따라서 소비자들의 요구는 기업에 의해 조절될 수 있다는 논리이다. 이러한 가정이 받아들여진다면, 리더가 주위 환경의 요구 등에 적합성을 고려하여 의사결정을 한다는 논리는 논리적 비약이라고 볼 수 있다. 또한 두 번째 가정에서는 리더의 선택을 의사결정의 일부로 파악하며, 다양한 상황에서의 정보를 확보하여 조직 상황에 맞는 선택을 해야 하고, 따라서 조직의 사회적 여건이 리더의 결심을 제약하는 요인으로 보고 있다. 따라서 상황에 맞는 정보를 확보하면 리더의 선택 방향은 매우 명확해진다고 주장한다.

정보와 조직상황에 의해 리더의 선택이 발생한다는 논리는, 마치 완벽한 합리적 의사결정이 가능하다는 것과 같은 논리로 보인다. 그러나 의사결정과정에서 조직의 선택은 조직상황에 의해 전적으로 좌우

되지 않으며, 경영자들의 합리적 의사결정은 매우 제한되어 있다는 것을 제한된 합리성(Bounded Rationality)의 개념을 통해 알 수 있다. 즉, 조직 의사결정의 가장 기본적인 전제는 인간의 제한된 합리성에서 출발하는 **인지 심리**(Cognitive Psychology)의 개념이 되어야 할 것이다. 정보와 조직상황이 완벽하지 않고 리더들이 제한된 합리성을 가지고 있기 때문에, 리더로써의 경험으로부터 길러지는 리더십은 조직 생존에 중요한 요인이 될 것이다. 분명한 것은 정보에 의해 외부 환경에 대응하는 것만이 리더의 의사결정을 이끌어내는 전부가 아니라는 것이다.

세 번째는 **리더의 재량적인 역할**(The Discretionary Role of Management)이다. 세 번째 관점에서의 리더는 조직이 직면하고 있는 제약 및 의존성 체계를 변화시키는데 중점을 두고 있다. 세 번째 역할은 리더들의 역할을 확장시키는 관점으로 보는 것이 타당하다. 이 부분에서 리더의 확장된 역할은 단순히 환경에 순응하지 않고 조직을 변화하는데 초점을 맞추고 있는 듯하다. 그러나 조직 변화의 방향은 환경에 적응하는 쪽으로 한정되어 있어 결국 조직의 핵심 자원으로써의 리더의 한계를 축소시키고 있다. 물론, 리더가 만들어 낼 수 있는 부분은 개인의 역량의 결과가 아니라, 조직 그 자체에 의해 형성되고 조건 지워질 수 있다. 그러나 무시될 수 없는 리더의 역량은 반드시 존재한다.

앞서 이와 같은 리더의 능력을 리더십으로 표현한다는 것을 살펴보았다. 예를 들이, 리디의 리더십 혹은 상상력과 비전 등은 조직 성장에 가장 큰 역할을 하는 것으로 간주되어야 하는데, 이러한 리더들의 개인적 역량에 기반 하여 종종 조직이 처해 있는 환경을 바꾸어 나갈 수도 있다. 환경에 순응하여 조직구조 혹은 대응 전략 등을 외부적 적합성에 맞추는 역할은 리더의 행정적이고 기술적인 측면만을 강조하는 셈이다. 조직이 맞닿아 있는 환경이란 실체는 정의하기도 어렵고 객관적인 기준이 있는 것도 아니기 때문에, 오히려 리더들의 특성에 의하여 조직이 환경을 바꾸어나가는 상황도 상상해 볼 수 있다. 즉, 외부 환경의 변화를 따라가는 것이 아니라, 리더에 의해 조직이 환경의 변화를 선도할 수 있다는 것이다.

(2) 현대의 조직구조와 리더십 특성

잭올(Jackall, 1988)은 그의 저서인 'The World of Corporate Managers' 에서 현대조직의 관리자들과 최고 경영진들의 모습을 적나라하게 묘사하고 있다. 현대 조직은 위계적 권위 구조(Hierarchical Authority Structure)이며 권력이 상층부의 최고경영진에게 집중되어 있는 만큼 관리자들의 핵심적인 업무는 오직 최고경영진의 코드에 맞추는 일 뿐이며 권위 혹은 권력은 관리자들에게 있어 직속상관과의 관계, 상하관계에 대한 인식을 통해 각인되기 때문에, 이러한 조직구조의 운영에는 관리자의 리더십보다는 완벽히 갖추어진 보고체계가 더욱 효율적이라 할 수 있다. 실제로 많은 조직들에 있어 권력의 집중과 분산화는 동시에 진행되고 있다. 보다 막강한 권력은 최고경영진에게 집중되는 동시에 의사결정과 이익에 대한 책임은 조직체계의 하단으로 최대한 광범위하게 분산되는 현상이 나타나고 있다.

이러한 조직구조 속에서 관리자들의 리더십이 표출되기는 어렵게 보인다. 왜냐하면 최고경영진은 조직의 말단에서 상부로 전달되는 보고에 집중하여 중요한 결정을 내리게 되며, 조직의 각 단계에서 높은 목표치를 추구할 것에 대한 상부의 압력이 존재하고, 상사와 부하사이에서는 목표치를 달성 가능한 범위로 조정하려는 복잡한 형태의 협의가 진행되기 때문에 구성원들의 행위에 있어 리더십에 의한 동기보다는 목표치 달성과 보고체계에 집중된 동기가 더욱 설명력 있게 보이기 때문이다. 이러한 위계적 권위 구조에서는 직속상사에 대한 충성도가 형성되어 직속상사가 명백한 실책을 범하지 않도록 끊임없이 정보를 제공하고 자신이 상사로 인해 피해를 보지 않기 위해 상사의 비위를 거스르는 행동이나 발언을 삼가는 경향이 나타날 수 있다. 이는 상사에게 충성할수록 직무상의 특전을 부여받을 기회가 크다고 생각하기 때문이다. 또한 상사는 자신의 부하직원을 보호하는 것을 당연시 한다. 이러한 원칙이 지켜지지 않을 경우 부하의 상사에 대한 신뢰도가 약화되기 때문이다.

부하직원이 상사를 따르는 행동이 오직 정치적인 코드를 맞추기 위한 것이라면, 조직 내 리더십은 CEO를 제외하고는 아무 의미가 없다. 위에서 설명하고 있는 조직관리 형태는 이른바 **목표에 의한 관리**(Management By Object)로 정의 될 수 있으며, 이러한 관리 형태에서의 리더십이란 완벽히 CEO에게 집중된 개인적이고 집중화된 리더십이라고 표현할 수 있을 것이다. 드러커(Drucker, 1954)에 의해 소개되었던, MBO는 대략 목표의 설정, 실행 그리고 성과에 대한 피드백의 단계를 밟으며 조직개발, 인력계획, 리더십 스타일의 변화, 조직 분위기 변화 등과 같은 내용을 담고 있다. 그러나 MBO에서는 오직 조직(기업)의 욕구를 충족시킬 수 있는 내용이 부각되었을 뿐, 조직이 얻어낸 최종적인 결과가 리더십의 변화 때문이라고 보지는 않는다. 따라서 이러한 관점에서는 리더십이란 조직 내 집중화된 개인의 권력, 그 이상으로 해석될 여지는 없다.

개미들의 생활과 리더십을 상기해 보자. 개미들은 여왕개미에서부터 일개미 병정개미 등 완벽히 자신의 목표에 의해 움직이게 된다. 앞서 소개된 최재천 교수의 '개미제국의 발견'에서는 개미들의 완벽한 MBO를 구체적으로 소개하고 있다.

"...일개미들이 바로 이파리를 자르고 그들을 운반해 오는 잎꾼들이다. 한쪽 뒷다리로 잎의 가장자리를 잡고 그곳을 축으로 하여 날카로운 이빨을 마치 전기 식칼처럼 사용하여 동그랗게 자른 뒤 집으로 운반한다. 사실 이들이 이파리를 물고 이동하는 속도는 걸음을 재촉하는 정도가 아니다. 사람에 비유하면 약 15km나 되는 귀가길을 시속 24km의 속력으로 달리는 셈이다. 마라톤 선수를 방불케 하는 속력이다. 더욱 놀라운 것은 300kg이 넘는 짐을 입에 물고 달린다는 사실이다. 이러한 마라톤은 폭우가 쏟아지는 때를 제외하곤 거의 밤낮을 가리지 않고 계속된다. 잎꾼들이 이파리를 굴 속으로 운반해 오면 그들보다 조금 작은 일개미들이 기다리고 있다가 그 잎들을 받아 톱날 같은 이빨로 잘게 썬다. 그러고 나면 이번엔 더 작은 일개미들이 잘게 썰린 잎 조각들을 잘근잘근 씹어 마치 종이를 제작할 때 쓰는 펄프처럼 만든 다음 효소가 담뿍 들어 있는 배설물과 잘 섞는다. 이렇듯 잘 반죽된 〈잎죽〉은 다음 방으로 옮겨져 미리 깔아둔 마른 잎들 위에 골고루 뿌려진다. 다음엔 조금 더 작은 일개미들이 이미 버섯을 키우고 있던 다른 방에서 버섯을 조금씩 떼어다 이파리 반죽 위에 가지런히 심는다. 새로운 배지에 옮겨진 버섯들은 제철 만난 들풀마냥 무서운 속도로 성장한다..."

– 개미제국의 발견 중, p36~37 –

위의 내용들은 마치 극도로 잘 개발된 공장에서나 볼 만한 광경이다. 이러한 사회에서라면 앞서 살펴본 바와 같이 중앙 집중화된, 혹은 독선적인 리더십이 구현될 가능성이 크다. 왜냐하면 특징적인 리더십 유형이 자리를 잡을 수 없기 때문이다. 그렇기 때문에 개인의 권력이 리더십을 대체하게 되고, 만일 개인의 권력이 절대적인 경우, 반역을 꿈꾸며 알을 낳으려 시도하던 일개미들을 가차 없이 제거 시키는 행태도 가능하다(최재천, 1999).

인간들의 조직에서도 이러한 특성은 일반적이라 할 수 있다. 정치적 투쟁이 상존하고 있는 조직에서는 CEO가 회사에 대해 절대적인 영향력을 행사하게 된다. CEO를 만족시키기 위한 불합리한 노력들이 발생되며, 이러한 노력은 효율적인 경비집행이라는 차원에서는 받아들이기 어려우나 조직 차원에서는 당연하게 받아들여지는데 이는 중간 관리자들이 현재의 위치를 유지하기 위해서는 필수적인 요소로 판단하기 때문이다. 같은 원인으로 CEO의 행동과 발언에 주목하는 경향이 나타나며 CEO 주변에 있는 사람들은 신임을 얻기 위해 노력하게 된다. 더욱이 CEO와 특수한 관계가 있는 것으로 알려진 사람들은 회사 내부의 다른 사람들에게 일반적인 평가기준이 아닌 뭔가 다르게 평가받는 경향이 있다는 것을 알 수 있다. 따라서 많은 관리자들이 CEO의 눈에 들기 위해 끊임없는 투쟁을 해야 한다는 상상이 가능하다.

이러한 일들은 우리가 일반적으로 관료제를 비판할 때 나타나는 전형적인 모습들이다. 그렇다면 현대 조직에시 관리자는 어떠한 리더십으로 부하직원을 이끌어 가야 할 것인가? 이와 같은 문제의 해답은 역설적으로 개미와 대비되어 또 다른 동물들의 습성에서 그 해답을 발견할 수 있다.

붉은 목도리 여우 원숭이들의 리더십을 다시 살펴보자면, 리더십의 발현이 구성원들의 정체성에 기반한 그룹의 안정성에 있다는 것을 설명한 바 있다. 정치적 투쟁이 일반화 되어 있는 조직이라면 조직과의 일체감보다는 상사와의 일체감을 목표로 할 것이다. 만일 CEO가 이러한 사실을 인식하고 있다면 리더십의 형태는 조직 구성원들이 조직과의 일체감을 형성하도록 만들어 내는 것에 초점을 맞추어야 한다. 예를 들어, 붉은 목도리 여우 원숭이처럼 조직 구성원들의 조직에 대한 정체성이 약하다고 느껴진다면 CEO가 전면에 나서지 않는 것도 좋은 방법이 될 것이다.

일반적으로 조직과의 일체감이 형성됨으로써 조직에 속한 구성원들은 정신적으로 조직의 운명과 그들 자신을 엮게 되며 자신의 성공과 실패를 조직과 공유하게 된다. 그러나 현대 조직에서 권력에 대한 투쟁이 전혀 없다고 가정하기 어려운 것처럼, 모든 구성원들이 완벽하게 조직에 대한 정체성을 유지할 것이라는 상상은 하기 어렵다. 따라서 리더는 조직 구성원들의 정체성의 정도와 조직 내 줄서기의 행태를 면밀히 살펴볼 필요가 있을 것이다. 붉은 목도리 여우 원숭이처럼 조직 내 권력이 집중되지 않도록 해야 하며, 불가능하다면 적어도 그렇게 보이도록 해야 한다. 또한 조직 정체성의 정도에 따라 구성원들이 따르게 되는 권위의 유형은 달라질 수 있기 때문에 다양한 형태의 권위가 동시에 느껴질 수 있도록 조직 시스템을 변화해야 한다.

(3) 멤버들의 성과를 높일 수 있는 리더십 기술[16)]

현대의 조직 혹은 기업의 성공은 모든 구성원들이 자신의 일에 대해 몰입정도가 높아 전체적인 성과가 높을 때 달성되었다고 말할 수 있을 것이다. 멤버들은 자신의 업무성과에 대해서 민감하게 반응할 수 있으며 따라서 리더로부터 자신에 대한 정보 피드백은 매우 민감한 부분으로 파악될 수 있다. 일반적으로 조직 내 정보 피드백 시스템이 원활하게 작동한다는 것은 그 조직 혹은 회사의 리더와 멤버의 관계가 긍정적일 것이라는 추측을 가능케 한다. 그러나 이러한 피드백이 원활하게 작동한다 하더라도 전체적인 성과와는 직접적인 관계가 없을 수도 있다. 만일 멤버들이 리더와의 피드백을 의식하여 자신들의 인상관리(Impression Management)에 더욱 신경을 쓰게 된다면 그러한 조직에서는 정치적인 투쟁만 만연할 뿐, 직접적인 성과는 기대하기 어려울 것이다.

한편, 비교적 최근의 리더십 이론인 리더-멤버 교환(Leader-Member Exchange)이론에서는 리더와 멤버간의 높은 수준의 교환관계가 형성된다면(망토 개코 원숭이의 사례에서처럼), 조직성과에는 높은 효과가 있을 것으로 기대한다. 왜냐 하면 리더와 멤버간 높은 수준의 교환관계가 설정되어 있다면 멤버들은 리더에 의해 보다 나은 **사회적 지원(Social Support)**을 받고 있다고 생각하게 되며, 다른 사람들보다 많은 정보를 얻을 가능성이 높고, 자신의 향후 직무발전에 긍정적으로 인식할 가능성이 높다(Graen & Uhl-Bien, 1995). 따라서 현대

16) Lam. W., Huang. X., and Snape. E., 2007. Feedback-seeking behavior and leader-member exchange: Do supervisor-attributed motives matter?, Academy of management Journal. 50(2): 348-363.

조직 내에서 멤버들은 끊임없이 자신과 리더와의 관계가 어떻게 형성되고 있는가를 파악하려 노력 할 것이다. 이와 같은 멤버들의 행동을 **피드백 추구적인 행동**(Feedback-Seeking Behavior)으로 정의할 수 있다(Ashford, 1986).

리더는 이러한 멤버들의 특성을 정확히 인지하고 있어야 한다. 만일 조직의 구성원들이 자신들의 인상관리에 초점을 두고 이에 대한 리더의 피드백에 신경을 쓰고 있다면, 이러한 조직에서 좋은 성과를 기대하기 어렵다. 조직 혹은 기업의 좋은 성과를 기대하고자 한다면 리더들은 멤버들의 행위 기저에 깔려 있는 의도를 파악할 수 있어야 하며 이것이 곧 현대조직에서 성과를 극대화 할 수 있는 리더의 능력이라 할 수 있다. 만일 리더의 기본적 성향이 멤버들의 피드백 추구적인 행동에 대해, 그들의 인상관리에 초점이 맞추어 있다고 가정하고 있다면 리더와 멤버 사이의 관계의 질은 저하될 것이며 조직성과 역시 저하될 수밖에 없다.

우리가 알고 있는 많은 리더십 프로그램에서, 리더 혹은 감독자들은 멤버들에게 **열린 마음**(Open Mind)을 가져야 한다고 주문한다. 그러나 이러한 프로그램에서 더욱 세부적으로 개발되어야 할 사항은 멤버들의 의도 혹은 리더의 사고체계를 상호 정확히 이해할 수 있는 **의사소통 기술**이다. 명확한 의사소통이 어려운 경우 리더와 멤버간에는 높은 관계의 질이 형성되기 어렵다. 따라서 현대조직에서 가장 중요한 리더십은 쌍방향 의사소통을 원활히 만들 수 있는 기술이다. 우리는 얼룩말의 조직에서 핵심조직과 주변부 조직이 존재하고 있음을 보았으며, 망토 개코 원숭이에게서는 분배된 리더십과 리더 멤버간의 관계의 질에 따라 의사결정이 내려질 수 있음을 보았다. 현대조직은 CEO를 중심으로 한 핵심조직과 하부의 다양한 조직들로 이루어져 있으며 점차 많은 멤버들이 참여하여 의사결정을 이루어가는 참여적 의사결정의 중요성이 강조되고 있다. 동물들의 행위가 단순히 적을 회피하고 먹이감을 찾으려 하는 행동이었다면 인간의 행위는 개인의 발전을 목표로 하고 있다는 것에 차이가 있다. 현대 조직에서 성과를 극대화 하고 싶다면 리더는 자신이 속한 기본단위의 그룹에서 멤버들의 의도를 정확히 파악하고 자신의 의도를 명확히 전달해야 한다. 원활한 의사소통이 가능한 조직과 그렇지 않은 조직의 성과의 차이는 명확히 들어날 것이다.

제 2 부 리더십 연구의 흐름 : 사례를 통해 본 리더십 이론

1장. 리더십을 특성이론(Trait Theory)으로 보는 관점

2장. 리더십을 행위이론(Behavioral Theory)으로 보는 관점

3장. 리더십을 상황론(Contingency Theory)으로 보는 관점

4장. 리더십을 리더와 하급자간의 관계를 중심으로 보는 관점

5장. 리더십을 변형이론으로 보는 관점

시 · 공간을 초월하여 수 많은 리더는 존재해 왔지만 리더십에 대한 개념을 명확히 정의하기는 어렵다. 리더십에 대한 이론은 학자들의 관점에 따라 또한 어느 영역을 강조하느냐에 따라 다르게 표현될 수 있기 때문이다. 1800년대에 비해 1900년대에는 리더십에 대한 학술적 연구가 본격화 되기 시작하였다. 1900년대로 접어들면서 산업혁명에 의한 자본가의 시대가 도래 하게 되고, 자본의 힘으로 리더가 된 기업가들에 대한 관심이 증폭되면서 이들을 연구하는 학자들이 늘어나게 된다. 리더십에 대한 연구는 리더십을 어떻게 정의하는지, 어떤 측면을 강조하는지 등에 따라 다양하게 진행되어져 왔다.

[표 2-1]에서 보듯이 1900년대 초반, 리더십연구가 시작되었던 시기에는 리더의 특성을 밝혀내는 특성론이 주로 연구되었다. 그러나 특성에 초점을 둔 연구 결과들이 실제로는 리더십과 별로 연관이 없다는 결과가 계속 보고(Kohs & Irle, 1920; Jenkins, 1947)되면서 1900년대 중반부터는 이러한 특성론에 대한 회의와 함께 심리학에 기초를 둔 행위론(Behavioral Theory)이 등장하게 된다. 리더십을 리더의 특성이 아닌 행위로 보는 관점은 그 후 절대적인 학술적 명제로 자리 잡고 있다.

1960년대 후반에서 1970년대까지는 상황에 맞는 행위를 찾아보려는 상황론(Situatioanl Theory)들이 주를 이루었다(백기복, 2001). 상황론적 관점은 리더십이 모든 상황에서 동일한 형태로 나타나는 것이 아니라 상황에 따라서 리더십의 중요성이 달라진다고 보고 있다.

1970년대부터는 리더 혹은 멤버 그 자체를 중시하는 흐름에서 벗어나 리더와 구성원 사이의 관계의 질(Quality)을 분석의 기본단위로 보는 논의가 형성되어 지금까지 이어져 오고 있으며, 이는 현대사회가 개인의 특성보다는 사회적 연결망 속에서 인간의 행위를 파악하는 것이 적합해 졌기 때문일 것이다. 인간은 기본적으로 사회적 동물이기 때문에 구성원과의 관계성에 대한 연구가 활발하게 진행되었다.

1970년대와 1980년대가 지나면서 리더십 연구는 일종의 부흥기를 맞게 된다. 변혁론과 육성론, 교환론 등의 다양한 이론들이 등장하기 시작하여, 다양한 시각으로 리더를 바라보기 시작한다. 이러한 흐름들은 1990년대를 지나면서 질적으로 더욱 발전하게 되었고, 2000년대에 와서는 다양한 관점을 혼합한 형태의 이론들과, 과정(Process)을 중시하는 이론들이 주목을 받게 되었다.

[표2-1]에서는 다양한 이론들의 사례와 설명에 앞서 각 리더십 이론들을 시대 흐름에 맞게 정리하였다.

[표2-1] 리더십 이론들의 시대적 흐름

	~1960년대 이전	1960년대	1970년대	1980년대	1990년대	2000년대
특성론	굿맨(Good man)					
행위론	미시간 오하이오	매니지리얼 그리드				
상황론		피들러 허쉬 & 브랜차드 등	경로-목표이론			
인식론			귀인이론			
교환론			LMX			
변혁론			변혁적 리더십 카리스마 리더십			
육성론				슈퍼 리더십	셀프 리더십	
전략론					전략적 리더십	
과정론						이슈 리더십 퓨전 리더십

출처: 백기복 등, 21세기 매니지먼트 이론의 뉴패러다임(2008) pp.346-347에서 인용

[표2-1]에서 나타난 리더십 이론들은 이미 잘 알려진 것 들이다. 주의해야 할 점은 60년대의 연구들이 현재에 와서 맥이 끊어졌다고 볼 수는 없다. 지금도 여전히 리더의 특성이나 행위가 리더십에 미치는 영향은 상당하다. 또한 각각

의 이론 속에는 수없이 많은 학자들의 연구가 뒷받침 되었다는 점을 명심해야 한다. 2000년대 이후에는 다양한 관점에서 리더십을 바라보는 연구가 진행 되고 있으며, 표에서는 그 중 대표적인 2개의 관점, 이슈 리더십과 퓨전 리더십만이 표기되어 있으나, 진성(Authentic)리더십, 영성(Spiritual)리더십, 복잡계 리더십 이론 등이 등장하였다(백기복, 2008). 물론 이와 같은 연구들이 아직 이론으로서 모든 사람들에게 인정받고 있는 것은 아니지만 다양한 리더십의 패러다임이 존재하고 있다는 것만으로도, 리더십의 다양성을 주장하고 있는 본 서의 주장과 대략 일치하는 흐름임은 분명하다.

리더십 연구의 역사적 흐름은 대략적으로 리더의 특성을 강조하는 연구에서부터, 지금은 구성원들의 행위로 초점이 이동되었으며, 따라서 리더십에 있어 구성원들의 행위가 조직에 유익하고 구성원 스스로의 만족과 몰입을 높여준다면 리더의 특성과 행위는 크게 문제 되지 않는다. 즉, 리더의 특성이 구성원들의 행위를 유도하는 것이 아니고, 구성원들의 행위에 따라 리더의 특성이 결정될 수 있다는 것이다. 만일 이 책을 읽고 있는 독자 중에 누군가의 행동에 영향을 미치고 있는 독자가 있다면 그 사람은 곧 그 관계에 있어 리더가 된다. 그 독자는 그 관계적 설정에 영향을 주는 특성을 가지고 있는 것이며 그 독자의 특성이 곧 리더의 특성이 되는 것이다. 이러한 기본적 설정은 남녀관계를 통해 즉각적인 이해를 가능하게 한다. 남녀관계에서는 주도권을 쥐고 있는 사람이 존재하게 되는데, 그 사람이 여자여도 좋고 남자여도 상관없다. 다만 상대방의 행동에 영향을 더욱 미치게 되는 사람이 그 관계에 있어 리더가 된다. 그렇다면 평생을 독방에서 혼자 생활하는 사람을 제외하고, 모든 사람은 특정한 상황에서 리더가 될 수 있는 기능을 가질 수 있다는 것이다.

지금까지 연구되어 온 모든 리더십의 이론을 여기에서 다 설명하는 것은 거의 불가능하다. 그만큼, 다양한 관점과 이론들이 혼재되어 있으며 서로에게 영향을 주고 있다. 그러나 분명한 것은 리더십은 사람과 사람간의 관계에 기초를 둔 과정이라는 점이며 (백기복, 2008), 향후의 연구는 이러한 관점이 주를 이룰 것이라는 사실이다. 사람과 사람과의 관계를 중요시 한다면 더 이상 리더가 특별한 능력의 사람이라는 전제는 약화될 수 밖에 없다. 리더는 특별할 수도, 특별하지 않을 수도 있다. 특별하지 않은 것도 리더의 특성이며, 이러한 리더들은 고도로 조직화된 사회에서 제도화된 리더로써 기능할 수 있는 여지가 있다.

우리나라 사람들은 역사적 인물 중 세종대왕, 이순신 장군 등을 훌륭한 리더의 한 사람으로 생각하고 있으며, 현대 기업인들 중에는 현대의 정주영회장, 삼성의 이건희회장, 유한양행의 유일한회장 등을 훌륭한 리더로 떠올린다. 우리나라 뿐만 아니라 어느 나라든 그 나라마다 민족의 리더를 가지고 있다. 프랑스인들은 나폴레옹을, 미국인들은 링컨이나 마틴 루터 킹 목사를, 일본인들은 도쿠가와를 훌륭한 리더로 생각하고 있다. 각 민족들은 그들의 리더들을 통해 세상을 바라보며, 미래의 모습을 그려보기도 한다.

제 2부에서는 리더십연구의 흐름에 따라 학문적 관점에서 주로 논의되어온 리더십이론들을 잘 알려져 있는 사례를 바탕으로 하여 살펴보도록 할 것이다.

각 사례들에는 리더십으로 이름이 알려져 있는 위인들의 내용은 가능한 배제하였으며, 일반인들에게 친근하고 익숙한 내용들로 구성하였다.

독자들의 이해들 돕기 위해 각 사례마다 간단하게 관련 내용들을 함께 제시하였다. 특정 리더의 리더십을 설명하는데 있어 어느 한 가지의 이론으로 접근하는 것은 현실적으로 많은 어려움이 따르며, 실제적으로도 리더들은 어느 한 가지의 리더십 특성만을 보유하는 것은 아니다.

하지만 본 서에서는 가급적 리더십 이론을 독자들에게 쉽게 설명하기 위해서 다소 무리함이 있음에도 불구하고 사례를 통해 한 가지의 이론을 적용하여 살펴보는 방법을 채택하였음을 미리 밝혀둔다.

1 장 | 리더십을 특성이론(Trait Theory)으로 보는 관점

1장에서는 리더십 특성론에 대해서 살펴본다. 특성론은 리더가 갖추어야할 고유한 특성만 지니고 있다면 그가 처한 상황이나 환경이 바뀌더라도 항상 리더가 될 수 있다고 본다.

1. 특성이론

리더십 연구의 흐름은 1930년대부터 1950년대에 이르기까지는 주로 리더가 갖추어야 할 특성이나 자질에 주된 관심을 보였다. 이 시기의 이론을 흔히 **리더십 특성론**(Trait Theory) 또는 **위인이론**(Great Man Theory)이라고 부른다. 이 이론은 리더가 갖추어야할 고유한 특성만 지니고 있다면 그가 처한 상황이나 환경이 바뀌더라도 항상 리더가 될 수 있다고 주장한다. 초기 리더십 특성론의 관점을 따르면, 누구나 리더가 될 수는 없으며, 리더로서 필요한 특성을 지닌 사람만이 리더가 될 수 있다고 보는 것이다.

리더십 특성론에서는 리더의 고유한 특성으로 신장이나 체중 · 외모와 같은 '신체적 특성'이나 야망 · 자신감 · 창의성 등 '성격적 특성' 뿐만 아니라 대인관계기술이나 사회성 · 협동성과 같은 '사회적 특성' 그리고 지능 · 지식 등과 같은 '능력특성' 등을 중요한 요인들로 여긴다.

특성론의 연구결과 리더십의 특성은 리더십과 높은 상관관계가 있는 변수들과 낮은 상관관계가 있는 변수들로 나누어 볼 수 있다. 그중 신체적 특성(키, 몸무게, 체격, 용모 나이, 분위기, 통제력 등)은 리더십과 높은 상관관계가 없는 변수로 창의성, 사교성, 판단력, 적극성, 유머, 협조성, 생동감 등은 대부분 리더십과 높은 상관관계가 있는 변수로 밝혀졌다.

이러한 변수들의 주요한 리더십 특성으로는 지능(Intelligence), 자신감(Self-Confidence), 결단력(Determination), 성실성(Integrity), 사교성(Sociability)들을 들 수 있다. 여기서 지능이라 함은 지적능력으로 언어능력, 지각능력, 추리력 등을 말하며, 자신감은 리더 자신의 유능성이나 기량을 말하는 것으로서, 어떤 일에 대해 자신이 해낼 수 있다는 믿음과 신뢰 즉, 자존감을 뜻하는 것이다. 리더의 결단력은 진취성, 지속성, 지배성, 추진력 등과 같은 특성이 나타나는 것으로 일을 완성하겠다는 의지가 담겨있는 개념이며, 성실성은 정직성과 신뢰성을 내포하고 있는 개념이다. 사교성은 현대사회에서 리더들에게 그 기대감이 점점 더 높아지고 있는 개념으로서, 친절하고 개방적이며 예의바른 태도와 대인기술(Interpersonal Skill)을 필요로 한다.

리더의 특성을 다섯가지의 개념으로 설명하는 것에는 현실적인 한계가 있다. 실제로 이러한 뚜렷한 특성들을 보유하고 있지는 않지만, 우리가 리더라 부르는 인물들이 수 없이 존재하기 때문이다. 하지만 이러한 현실적 한계에도 불구하고 최근 특성이론을 적용한 연구들이 다시 주목을 받고 있다. 그 이유는 특성론의 유효성이 실증적 연구로 유의한 결과를 보여주고 있으며, 카리스마와 연관되는 개인차 변수들에 관한 특성이 리더십 유형과 어떻게 연관되는지에 대한 연구들이 활발하게 진행되고 있기 때문이다. 또한 이러한 특성이론은 기업의 리더십 훈련 프로그램에 역량모델(Competency Model)로 적용되고 있기도 하다.

2. 특성이론의 사례

흔히들 "**삼국지연의**(이하 삼국지)를 세 번 이상 읽지 않은 사람과는 친구도 하지 마라"라는 말들을 한다. 이것은 삼국지에 방대한 지식과 사자성어, 고사성어 뿐만 아니라 대인관계에 적용 가능한 온갖 처세술, 전략, 지략 등이 포함되어 있기 때문일 것이다. 이처럼 삼국지는 많은 사람들의 사랑을 받아오며, 각종 영화나 애니메이션 등으로 제작되어 왔고, 삼국지 등장인물들의 처세술, 전략, 병법 등을 분석한 각종 서적이 출판되기도 하였다.

삼국지에는 다양한 인물들이 등장하는데 수를 헤아리기 어려울 정도로 많은 등장인물을 사건과 연관하여 그들의 리더십을 분석한다는 것은 현실적으로 매우 어려운 작업이다. 따라서 본서에서는 삼국지의 등장인물을 중심으로 그들의 리더십을 살펴보기 보다는 삼국지에 등장하는 고사성어를 바탕으로 해당 등장인물의 리더십 특성을 찾아 보려고 한다. 이 장에서는 삼국지의 고사성어를 통해 해당 등장인물의 특성을 나타내주는 유명한 고사성어 몇 개만을 골라서, 그에 대한 대략적인 내용과 고사성어 속에 담겨있는 등장인물들의 리더십 특성을 특성론을 중심으로 살펴보기로 한다.

앞서 살펴본 특성이론의 연구결과들이 뒤에 살펴볼 삼국지의 등장인물들에게는 어떻게 나타날까? 또, 삼국지에 등장하는 인물들은 어떠한 특성을 지닌 인물들이었을까? 본론에 앞서 미리 밝혀두지만, 본 사례에서는 특정 고사성어에서 나타난 삼국지 등장인물의 특성을 특성론과 연계하여 살펴보고 있다. 따라서 이러한 인물들이 꼭 한 가지 특성만을 보인다고 생각해서는 안되며, 해당 고사성어에서 보이는 특성으로 이해하여야 할 것이다.

〈사례1〉 : 간뇌도지(肝腦塗地)

간과 뇌로 땅을 칠한다

장판파 싸움에서 적진을 뚫고 유비의 아들을 구해온 조운을 보고 유비가 도리어 아들 아두를 땅바닥에 내던지며 자식 하나 때문에 명장을 잃을 뻔했다고 탄식하였다. 조운이 이에 감복하여 간과 뇌를 쏟아낸다 해도 주공의 은혜를 갚을 수 없겠노라고 말했다.[17]

17) 이화여자대학교 한국어 상담소 홈페이지(http://munjang.net/)

〈사례1〉은 유비의 리더십을 살펴볼 수 있는 "간뇌도지"에 관한 일화이다. 삼국지를 읽어 본 독자들은 아마 인상적인 전투중의 하나로 장판파 전투를 기억하고 있을 것이다. 장판파 전투는 북쪽 지방을 평정한 조조가 유표가 다스리고 있는 형주지방에 눈독을 들이고 있을 무렵, 유표가 사망하게 되고 그의 아들이 조조에게 항복하게 되면서 발단이 된다. 유표에 의탁하고 있던 유비는 조조에게 항복하지 않고 강릉으로 도망치는 와중에 치른 전투가 바로 장판파 전투이다. 이때 형주의 많은 백성들은 유비를 따라 피난길에 오르게 되고 유비는 백성들을 외면하지 못하고 그들과 함께 유기가 있는 하구로 도망친다. 조조 휘하의 군사들로부터 추격을 받는 혼전 중에 유비는 아들 아두와 부인을 남겨두고 홀

[그림 2-1] 유비현덕

출처: Koei사의 이미지를 토대로 재구성

로 피신하게 된다. 조운은 이들을 구하기 위해 홀로 적진에 뛰어 들어 유비의 아들 아두를 가슴에 품고 구출하는데 성공한다. 유비는 조운이 목숨을 걸고 구해온 아들 아두 때문에 명장을 잃을뻔 하였다고 탄식하고, 조운이 이에 감복하였다는 것을 표현한 성어가 바로 "간뇌도지(肝腦塗地)"인 것이다.

여기서 우리는 유비의 리더십에 주목할 필요가 있다. 일반적으로 유비는 인품이 온화하고 남을 배려하는 사나이로 알려져 있다. 하지만 일부에서는 이러한 유비의 성격이 이중적이었다는 평가를 하기도 한다. 그 근거야 어쨌든, 간뇌도지의 상황만을 생각해보자. 유비는 자신을 따라 피난길에 오른 형주의 백성들을 외면하지 못하였다. 조조군의 추격을 받고 있는 절체절명의 위기 상황에서 백성들과 함께 피난길에 오른다는 것은 병법을 익힌 장수가 쉽게 결정할 수 있는 상황은 아니다. 하지만 유비는 백성들을 외면하지 못하고 함께 피난길에 오르다 자신의 가족들과 헤어지는 최악의 상황에 봉착하게 된다. 하지만, 유비의 곁에는 그를 목숨처럼 소중히 여기는 많은 장수들이 있었다. 특히, 조운은 자신의 목숨을 걸고 혈혈단신으로, 수많은 적진을 뚫고 유비의 아들을 구출해왔던 것이다. 이러한 상황에서 대다수의 사람들은 자신의 아들이 무사히 구출되었다는 사실에 크게 기뻐했을 것이다. 하지만 유비는 그렇지 않았다. 오히려 자신의 장수의 안위를 더 크게 걱정했던 것이다. 결과적으로 유비는 자신의 피붙이보다 훌륭한 장수 조운을 잃어버릴뻔 했다고 탄식 하였다. 유비의 이러한 행위는 '한왕조의 부흥'이라는 대의를 이루기 위해 자신을 조력할 장수의 안위가 개인적인 가족의 안위에 앞섰던 것으로 보인다. 이는 다시 말해 자신의 뜻한 바를 이루기 위해서는 사사로운 감정은 그리 중요한 고려요인으로 작용하지 않는다는 것으로 파악될 수 있다. 과연 저자들이나 독자들 중 "간뇌도지"의 상황에서 자신의 아들을 내팽겨 치면서까지 부하장수의 안위를 걱정할 수 있는 사람은 몇이나 될까?

간뇌도지의 상황에서 보인 유비의 행위만을 가지고 판단해 볼 때 만약, 그가 오늘날 한 조직을 경영하는 경영자였다면 어떠했을까? 회사 직원들이나 조직의 구성원들과 사회적 대인관계를 위해 많은 시간을 할애하였을 것이다. 하지만, 이러한 대인관계를 토대로 목표를 달성하는 데 있어 자신을 도와주는 많은 인재들을 곁에 두고 있는 리더였을 것이다. 유비의 "간뇌도지"상황에서 우리가 얻을 수 있는 교훈은 자신을 조력할 수 있는 인재들의 중요성을 간과하지 말아야 한다는 것이다. 유비가 여포처럼 무예가 뛰어나지도 않았고, 제갈량이나 주유보다 책략에 능하지는 않았지만, 적어도 유비는 삼국지의 여러 일화에서도 볼 수 있듯이 자신의 대의를 조력하는 많은 인재들(관우, 장비, 제갈량, 조운, 마초, 황충 등등)을 중요시 여기는 리더였기 때문에 후세에 많은 이들의 주목을 받고 있는 것은 아닐까?

〈사례2〉 관공삼약(關公三約)과 오관육참(五關六斬)

관우의 세 가지 약속

관우가 하비에서 조조에게 포위되고는, 그의 투항 제의를 승낙하면서 내세운 세 가지 조건. 관우가 내세운 세 가지 조건이란, "첫째, 자신은 한에 투항하는 것이다. 둘째, 감 · 미부인에게 황숙의 부인의 예에 해당하는 봉록을 주고, 그에 알맞은 예우를 한다. 셋째, 유비가 어디 있는지 알게 되면 언제든지 달려간다."였다고 한다.

다섯 관문에서 여섯 명을 벤다

관우가 원소 밑에 있던 유비를 만나기 위해 그를 가로막는 다섯 관문의 장수 여섯을 베었다. 그의 충절을 기리는 고사성어

삼국지에서 빼놓을 수 없는 인물이 있다면, 바로 **관우**일 것이다. 관우는 삼국지의 인물들 중 유일하게 1천 800여년동안이나 중국인들에게 신으로 추앙을 받아오고 있다고 한다. 그렇다면 삼국지의 많은 등장인물들 중에서 왜 중국인들은 그렇게 관우를 우러러보았을까? 아마도 위의 고사성어에서 나타나듯이 관우는 충의의 화신이자 최고의 무신으로 인정받았기 때문은 아닐까? 위의 고사성어가 나오게 된 상황을 살펴보자.

서기 200년 조조는 서주의 유비를 공격한다. 결국 조조군은 하비성을 함락시키게 되고, 유비는 이를 피해 청주로 피신하여 원소에게 의탁하게 된다. 이 과정에서 관우는 조조군에 포위되었다가 조조에게 3가지 약속을 받아내는 조건으로 투항을 하게 된다. 그 세 가지 약속을 일컬어 관공삼약(關公三約)이라고 하는 것이다. 그 세가지 약속은 첫째, 유비와 함께 한 황실을 부흥키로 약속했기 때문에 지금은 황제에게 투항하는 것이지 조조에게 투항하는 것은 아니라는 내용과, 둘째, 유비의 두 부인이 있는 곳에 유비의 녹봉을 계속 내려주고, 외부인의 출입을 일체 금하게 해달라는 내용, 그리고 마지막으로 유비의 거처를 알면 천리, 만리를 따지지 않고 떠나게 해달라는 것이다. 이와 같은 세 가지 조건을 보장해주지 않는다면 결코 투항하지 않겠다고 하였다고 한다.

조조에 의탁하여 생활하던 관우가 유비가 살아있다는 소식을 접하고, 하북 원소 진영에 있는 유비를 찾아가게 된다. 비록 조조의 전송을

[그림 2-2] 관우운장

출처: Koei사의 이미지를 토대로 재구성

받았지만, 특별한 통행증이나 증명서를 받지는 않았다. 유비의 두 부인을 수레에 태우고 호위병도 없이 유비를 찾아나선 관우는 단지 적토마와 청룡언월도 한 자루만으로 다섯곳의 관문을 통과하면서 통행을 저지하는 여섯 장수를 베게 된다. 이것을 오관육참(五關六斬)이라고 한다.[18)]

〈사례2〉를 통해 나타난 관우는 어떠한 리더십 특성을 지니고 있었을까? 육중한 외모와 긴 수염에서 뿜어져 나오는 위압감 등 신체적 특성을 굳이 거론하지 않더라도 관우는 여러 측면에서 리더로서의 자질을 지닌 것으로 파악된다. 관공삼약에서 관우가 조조에게 투항하는 것이 아니라 한(漢)에 투항하는 것이라 밝힌 것, 그리고 유비의 부인들에 대한 예를 갖추게 한다거나, 유비가 있는 곳이 파악되면 지체없이 달려가겠다는 약속을 내건 것에서 알 수 있듯이 관우는 의리와 책임감을 지닌

18) 진기환(2001)의 내용을 수정, 인용. 진기환. 2001. (新譯) 三國志故事成語辭典. 명문당

인물로 볼 수 있다. 현재 자신이 포로 아닌 포로의 입장에 처해있으면서도, 도원결의를 통해 의형제를 맺은 유비의 부인들에 대한 책임감을 표출하는 것은 쉽지 않았을 텐데 말이다. 유비의 소재가 파악될 때까지 유비의 부인을 안전하게 보호하면서, 때를 기다린 측면에서 본다면 또한 상당한 자신감과 인내심을 보유한 인물로 평가할 수 있다. 또한 유비의 소재를 파악한 후 유비의 부인들을 호위한 채 홀로 다섯 관문을 통과하며 자신을 저지하는 무장들을 제거한 오관육참의 성어에서 나타나는 관우는 결단력과 추진력이 있으며 상당히 높은 성취동기를 보유한 인물로 파악할 수 있다. 아마도 관우가 오늘날 우리시대의 리더였다면, 책임감, 인내심, 성취동기 등 여러 측면에서 본받을 만한 점이 많은 인물이었을 뿐만 아니라 상대에 대한 믿음과 신뢰, 자존감, 일을 추진하는 결단력 등이 높은 인물로 평가 받을 수 있을 것이다.

〈사례3〉 읍참마속(泣斬馬謖)

눈물을 흘리며 마속의 목을 베다

울며 마속(馬謖)의 목을 벤다는 뜻으로 촉지(蜀誌) 마속전(馬謖傳)에 나오는 말이다. 촉(蜀)나라의 제갈공명(諸葛孔明)은 가정(街亭)전투에서 자신의 명령과 지시를 따르지 않고 제멋대로 싸우다가 패한 부장(部將) 마속을, 그 전날의 공과 두터운 친분에도 불구하고 울며 목을 베어 전군의 본보기로 삼았다는 고사에서 비롯되었다.[19]

19) 두산백과사전

〈사례3〉은 제갈공명에 관한 이야기이다. 이 이야기의 배경이 되는 가정전투가 벌어질 당시의 상황은 다음과 같다.

유선이 이끄는 촉군은 위나라로 정벌을 떠난다. 최초의 위 정벌에서 천수, 남안, 안정 등 3성을 함락시킨 촉군은 그 기세가 하늘을 찌를 듯 하였다. 제갈공명은 이 승리에 만족하지 않고, 병마를 정비하여 한중에 있는 대군을 기산(祁山)으로 출정하게 하였으며, 촉군은 위수의 서쪽에 다다르게 된다. 위의 장수 조진은 패배한 후 위주 조예에게 구원을 청하였고, 조예는 급히 사마의에게 남양의 병마를 일으켜 조진을 구원하라고 명한다. 사마의가 군사를 이끌고 전쟁에 나올 것이라는 것과 그렇게 될 경우 전쟁이 격해질 것이며, 계책에 능한 사마의는 교통의 중요한 길목인 가정(街亭)을 취하여 촉의 숨통을 조이려 할 것을 제갈공명은 미리 예측하고 있었다. 가정이라는 지역이 비록 작은 지역이기는 하나 당시 촉의 상황에서는 매우 중요한 곳이어서 만약 가정을 잃게 된다면 촉의 군에 그야말로 엄청난 피해를 안겨줄 수도 있는 상황이었다. 이에 제갈공명은 여러 장군들에게 종군을 자원하도록 하였는데, 이때 참군(參軍) 마속이 자신에게 맡겨달라고 자원하게 된다. 마속은 경륜도 있고 모략에도 능하여 이전에도 제갈공명에게 좋은 건의를 여러 번 하여 신뢰를 쌓아가고 있었던 상황이었다. 제갈공명은 비록 마속이 실전 경험이 부족하다고 생각하였지만, 그에게 가정의 수비를 맡기게 된다. 가정은 성지도 없고 지세도 험준하지 않아 수비하기 어려운 지역이었고, 적장 사마의 역시 예사롭지 않은 인물이었기에 제갈량은 마속에게 여러 번 주변상황들을 일러주고 주의하라고 당부하였다. 하지만 결과적으로 마속은 신중치 못하고 무지한 전법을 사용하게 되고, 결국 가정에서 크게 패하게 된다.[20]

20) 동팡원뤼(2005) pp.200-202의 내용을 재구성. 동팡원뤼 편저. 김효숙 역. 2005. 제갈량 리더십. 랜덤하우스 중앙

[그림 2-3] 제갈공명

출처: Koei사의 이미지를 토대로 재구성

제갈공명은 삼국지의 등장인물 중 리더십을 가장 많이 논하는 인물 중 하나이다. 제갈공명은 뛰어난 지략과 재능, 전략수립과 실행, 임기응변, 판단력 등 신비로운 능력을 지닌 위대한 인물로 평가받고 있다. 제갈공명을 상대하는 적장은 항상 두려움에 떨었으며, 제갈공명이 어떠한 책략을 들고 전투에 임할지를 항상 궁금해 하였다. 뿐만 아니라 주공인 유비에게 늘 보은하려 애쓰는 충직한 신하였으며, 인재를 등용할 때도 인격과 능력을 우선시 하고, 국정을 돌볼 때에도 분명한 법도를 가지고 사사로운 정에 얽매이지 않는 인물이었다. 오나라의 주유가 "하늘은 주유를 내리고, 왜 다시 제갈공명을 내리셨는가(旣生瑜 何生亮)"라고 울부짖으며 눈을 감은 것처럼, 제갈공명은 그 당시 적들에게 두려움을 안겨주던 책략가였다.

읍참마속(泣斬馬謖)의 성어는 제갈공명의 리더십 스타일을 단적으로 보여주는 내용으로, 제갈공명의 특성 중 원칙을 중시하는 면을 잘 보여주고 있다. 가정전투 이전에 몇 년 동안 제갈공명과 마속은 생사고락을 함께 하며, 마치 형제와 같이 수많은 역경을 헤쳐 왔다. 하지만, 마속은 독단적인 판단으로 큰 전쟁을 그르치고, 촉군을 궁지로 몰아넣게 되는 결과를 가져왔다. 아마도 대다수의 사람들은 마속에게 다시 실수를 만회할 기회를 주며 동기부여를 시키는 것도 하나의 방법이 될 수 있다고 생각할 것이다. 하지만 제갈공명은 그렇지 않았다. 마속의 참패는 촉군의 사기를 저하시키고, 이러한 실수에 대한 책임을 엄중히 묻지 않는다면, 제2, 제3의 패배가 계속되리라는 것을 알고 있었기 때문일 것이다. 원리와 원칙을 깨지 않는 제갈공명의 리더십 스타일은 오장원 전투에서 눈감는 순간까지 변하지 않았다. 이것은 Stogdill(1974)의 특성이론을 나타내는 요소 중 책임감, 원칙성, 사회적 영향력을 강조하는 리더십으로 볼 수 있다.

〈사례4〉 계륵(鷄肋)

(닭 가슴뼈) 본디 먹자니 먹을게 없고 그렇다고 버리긴 아까운 것

조조와 유비의 한중 전투에서 조조가 유비를 도모하고자 하나 뜻대로 되지 않자 무심코 이 말을 내뱉았는데, 당시 주부였던 양수가 이를 해석하길, '유비를 취하고자 하나 번번히 실패하고, 그렇다고 무작정 돌아가면 세상 사람들의 비웃음을 살까 두렵다'며 조조가 은밀히 퇴각할 것을 명하였다고 판단한 나머지, 미리 행장을 챙기다가 조조의 오해를 사 죽음을 당하였다.

[그림 2-4] 조조맹덕

출처: Koei사의 이미지를 토대로 재구성

난세의 간웅, 처세와 치세의 능신 등으로 불려지는 **조조** 맹덕(曹操孟德). 나관중의 삼국지에서는 주로 촉의 유비에게 초점이 맞추어져 서술되어져 있지만, 최근들에 조조의 입장에서 삼국지를 다시 바라보는 시각들도 많이 늘어나고 있으며, 조조의 리더십도 중요하게 논의되고 있다. 하지만 본 사례에서는 조조의 리더십중의 단편만을 살펴보고 있기 때문에 조조의 특성을 모두 다 설명할 수 있는 사례는 아니라는 점을 먼저 분명하게 짚고 넘어가고자 한다. 자칫 조조의 리더십이 근시안적이라는 평가를 받을 수 있기 때문이다. 다만, 제갈공명의 읍참마속과 단순한 비교를 위해서 본 사례를 선정하였음을 밝힌다. 계륵(鷄肋)이라는 말은 조조가 유비와 한중을 놓고 벌인 전투 중에서 유래가 되었다.

조조는 유비에게 한중(漢中) 땅을 거의 다 빼앗기며, 연전연패를 하게 된다. 조조는 여러번 죽을 고비를 넘기다가 둘째 아들 조창의 구원으로 사곡구(斜谷口)라는 곳에 주둔하게 된다. 하지만 이곳에서도 유비의 명을 받은 마초(馬超)의 군사에게 밀리게 된다. 사곡구에 주둔한 조조는 진격을 하자니 마초에게 밀리고, 그냥 퇴각하자니 촉의 군사로부터 조롱을 당할 것 같아 결단을 내리지 못하고 있었다.

어느날 조조의 저녁 식탁에 닭갈비탕이 올라왔다. 조조는 그릇 속의 닭갈비를 보며 곰곰이 생각에 잠겨있었다. 때마침 하후돈(夏侯惇)이 들어와 야간 구호를 물었다. 이에 조조는 "계륵계륵(鷄肋鷄肋)"이라고 말했다고 한다.

조조 진영의 양수(楊修)는 "계륵"이라는 구호를 듣고 곧 부하 병졸들에게 퇴각할 행장을 챙기라고 지시했고 부하들은 서둘러 철수 준비를 시작했다. 사실을 전해들은 하후돈이 놀라 양수에게 까닭을 물었다. 양수는 "야간 구호가 계륵이라는 말을 듣고 위왕(조조)께서 곧 퇴군할 것이라는 사실을 알았습니다. 계륵이란 먹자니 맛이 없고, 버리자니 아까운 것입니다. 위왕께서는 지금 진격한다하여도 승리할 수 없고, 퇴각하자니 웃음거리가 될까 걱정하고 계십니다. 사실, 이곳에 주둔하는 것이 무익하여 서둘러 귀환하는 것만 못할 것이니 내일은 틀림없이 퇴군을 명령하실 것입니다. 그래서 미리 행장을 수습하여 출발 당일의 혼잡에 대비하고자 합니다."라고 말하였다.

이 말을 들은 하후돈은 양수의 식견에 감탄하고, 자신의 부대에게도 즉시 철수 준비를 명한다. 이날 밤, 조조는 심란하여 잠을 못 이루다가 부대를 순시하던 중, 하후돈의 부하들이 철수 준비를 하는 것을 보고 크게 놀라 하후돈에게 그 이유를 묻는다. 하후돈은 양수의 이야기를 조조에게 전하였고, 조조는 양수를 불러 묻는다. 양수가 계륵의 뜻으로 설명하니 조조는 대노하면서 "네가 어찌 함부로 말을 지어내어 군사들의 마음을 혼란하게 하는가?" 하면서 즉시 참수를 명한다.

조조는 다음 날, 공격 명령을 내린다. 하지만 조조는 전투 중 위연의 화살에 놀라 낙마하며 앞니 두 개를 부러뜨린다. 결국 퇴군하게 된 조조는 양수의 말을 생각하고 양수의 시신을 잘 거두어 주라고 명령했다.

계륵이라는 말에서 나타나는 조조의 특성이 조조의 리더십 전체를 보여주는 것은 아니다. 하지만 적어도 앞서 살펴본 제갈공명의 처신과 비교해볼 필요는 있다. 제갈공명은 마속의 패배를 군법으로 엄히 다스렸다. 조조 역시 양수의 말로 인해 위군 병사들의 사기에 나쁜 영향을 내린다고 판단하여 양수에게 참형을 내린다. 겉으로 보이기에는 군법을 원칙대로 잘 적용한 사례라고 평가할 수도 있을 것이다. 하지만, 제갈공명이 보여준 행동과 조조가 보여준 행동, 즉 군법을 잘 지킨 행동의 속내용에는 분명한 차이가 있다. 양수는 계륵이라는 야간 구호를 통해 조조의 마음을 꿰뚫어 보았다. 승산이 없는 전투를 계속하지도 그렇다고 쉽게 그만두지도 못하는 상황을 말이다. 양수의 혜안은 아무나 쉽게 가질 수 있는 그런 능력은 아니다. 만약 마속이 양수의 혜안을 가졌더라면 오늘날 '읍참마속'의 성어는 존재하지 않았을지도 모른다. 아마 인재의 능력을 높이 사는 제갈공명이었다면, 양수의 혜안을 칭찬하였을지도 모르지만, 조조는 쉽게 노여움을 표출하고 양수를 처형하였다. 그리고 양수의 예측대로 퇴군하는 상황이 되어서야 자신의 경솔함을 다시 한 번 생각해 봤을 것이다.

지금까지 삼국지에 등장하는 고사성어를 바탕으로 리더십의 특성론을 간략하게 살펴보았다. 간뇌도지에서는 자신의 조력자를 중시여기는 유비의 리더십을, 관공삼약과 오관육참의 성어에서는 관우의 자신감과 책임감에 기반한 리더십을, 읍참마속의 성어에서는 제갈공명의 결단력 있는 리더십을, 계륵의 사례에서는 조조의 원리원칙을 중시하는 리더십 특성을 살펴보았다. 비단 삼국지의 등장인물 뿐만 아니라, 우리가 잘 알고 있는 현대의 리더들에게도 리더십의 유효성을 잘 나타내주는 리더십 특성들을 흔히 발견할 수 있다. 다음에서는 우리가 익히 알고 있는 유명한 정치가인 영국의 대처총리와 미국 역사상 첫 흑인 대통령으로 선출된 오바마의 사례를 통해서 그들이 지니고 있는 리더십을 특성론의 측면으로 간략하게 살펴보기로 한다.

3. 현대의 리더에게 나타나는 리더십 특성이론

흔히 철의 여인이라고 불리는 **마가렛 대처**(Margaret Hilda Thatcher)는 여성으로서 영국의 첫 총리가 되었던 인물이다. 1979년 "영국은 길을 잃었습니다"라는 단순하고 강렬한 슬로건으로 야당이었던 보수당을 승리로 이끌었다. 그녀는 위기에 빠진 영국을 구할 책임과 능력이 자신에게 있다고 굳게 믿고, 경제적으로 과감한 시장주의 경제를 도입하여, 만성적 재정적자와 노사분규로 상징되는 '영국병'을 치유하고자 노력하였다. 또한 오랜 기간 동안 지속된 석탄 노동자 파업을 진압하고, 주요한 국영기업들을 민영화하였으며, 아르헨티나와의 포클랜드 전쟁(Falkland Islands War)[21]을 성공적으로 이끌기도 하였다.

21) 남아메리카대륙의 동남단, 아르헨티나의 대륙부에서 약 500km 떨어진 남대서양의 소도인 포클랜드의 영유권을 둘러싼 영국 · 아르헨티나 간의 분쟁(두산백과사전)

그녀는 어떠한 특성을 지닌 리더였을까? 앞서 살펴본 특성이론의 관점을 통해 그녀의 리더십을 살펴보자. 마가렛 대처는 영국의 주요 사안에 대하여 영국국민들에게 명확한 메시지를 전달하는 탁월한 언어적 능력을 보유하고 있었다. 또한 그녀는 유명한 말들을 많이 남겼는데, "저는 방향을 바꾸지 않을 것입니다(The lady is not for turning)", "나는 용기와 결단과 관용으로 나의 직무를 다 할 것입니다."등의 말에서도 나타나듯이 그녀는 강한 자신감과 결단력을 보유한 리더였다.

그녀는 평범한 가정에서 어린 시절을 보냈으며, 아버지의 지극한 사랑 속에서 자신의 높은 목표를 이루기 위해 열심히 노력하는 모범생이었다. 그녀는 아버지로부터 웅변가, 토론가로서의 자질을 배워 나갔으며, 훗날 대처가 자신의 믿음에 대해 흔들림 없는 태도를 갖게 된 것은 성년기까지 그녀가 보고 들은 경험들 때문이었다(하워드 가드너 지음, 송기동 옮김, 2008, pp.403-404).

실제로 그녀가 추진했던 정책들은 크게 인기가 없는 것들이었지만 대처는 자신의 정책에 대한 좋지 않은 평가에도 흔들림 없이 정책을 실행에 옮기는 추진력과 신념을 보여주었다. 하지만 자신의 정당성과 신념을 지나치게 과신하였고, 그녀가 남긴 훌륭한 업적에도 불구하고 임기 중 대처에 대한 일반 국민의 호감도는 그리 높지 않았다.

많은 사람들이 새로운 미국의 대통령에게 관심을 기울이고 있다. 힐러리 클린턴(Hillary Diane Rodham)과의 길고 길었던 민주당 경선에 이어 공화당의 존 메케인(John Sidney McCain III) 후보와의 대선에서 승리하며 미국 역사상 최초의 유색 인종 대통령으로 당선된 **버락 오바마(Barack Jussein Obama)**가 그 주인공이다.

미국 최초의 흑인 대통령, 혜성처럼 나타난 젊은 정치인 버락 오바마는 세계경제 위기를 헤쳐 나갈 수 있는 미국의 새로운 대통령으로 큰 기대를 받고 있다. 그가 다문화가정에서 태어나, 평탄치 않은 어린 시절을 지내왔음에도 불구하고, 청소년기의 방황을 극복하고, 개인적인 성장을 지속해왔다는 사실은 이미 잘 알려져 있다. 특성이론의 측면에서 살펴본 오바마의 리더십 특성은 어떠할까?

오바마는 명문대학인 하버드 로스쿨에 입학하고, 우수한 성적으로 졸업할 정도로 학문적으로 뛰어난 실력을 보였으며, '언어의 연금술사'라고 불릴 정도로 언변이 좋기로 유명하다. 하버드 로스쿨을 우수한 성적으로 졸업했기에 여러 법률회사로부터 수많은 러브콜을 받게 되지만, 높은 수준의 연봉과 편안한 삶을 선택하기 보다는 자신의 꿈을 실현시키기 위한 선택을 하게 된다. 또한 선거운동 과정에서 보여준 바와 같이 악조건 속에서도 결코 포기하지 않고, 자신의 신념을 믿고, 그를 통해 주변사람들을 설득시키며 불가능한 일을 실현시키는 등, 남다른 추진력과 자신감을 보유한 인물이었다. 그의 연설 중 "저는 사람들이 정치에서 가장 배고픔을 느끼는 부분이 바로 신뢰성이라고 생각합니다"라고 이야기 한 것처럼, 자신을 신뢰할 만한 사람이라는 것을 부단히 표현하였다. 그는 그럴싸한 공약을 내세우는 것이 아니라 그가 지킬 수 있는 바에 대해 솔직하게 말하고 실제로 그것을 실현시키려 노력하였다.

정리해보면, 대처와 오바마 모두 탁월한 언어능력을 보유하고 있었으며, 자신의 신념을 믿고 강력한 추진력과 자신감을 통해 자신의 리더십을 발휘한 리더였다는 것을 알 수 있다.

2장 리더십을 행위이론(Behavioral Theory)으로 보는 관점

2장에서는 리더십 행위이론에 대해서 살펴본다. 행위이론은 특성론의 한계로 인해 등장하게 되었으며, 행위론을 주장하는 사람들은 효과적인 리더들이 보이는 공통적인 행동에 관심을 갖는다.

1. 행위이론

리더십을 인간이 타고난 특성을 중심으로 보는 것이 아니라, 리더가 보여주는 행동스타일에 관심을 두는 이론을 **행위이론**이라 한다. 행동스타일은 유전적 요인보다는 후천적으로 교육과 개발에 의해 기술을 습득되는 것으로 리더가 무엇을 하며, 어떻게 행동하느냐에 중점을 두게 된다. 리더십 행위이론은 특성론이 보인 한계로 인해 관심을 받게 된 이론이다. 특성론은 리더가 갖추어야 할 고유한 특성이 없어도 효과적인 리더십을 발휘하는 리더들의 존재를 설명하지 못한다. 따라서 그러한 리더들이 갖는 공통적인 특성보다는 효과적인 리더십을 보이는 행동에 초점을 맞추게 된 것이다. 다시 말해, 특성론을 주장하는 사람들은 리더의 선천적인 특성에 관심을 갖고 리더란 태어나는 것임을 강조하는 반면에, 행위론을 주장하는 사람들은 효과적인 리더들이 보이는 공통적인 행동에 관심을 보이며, 리더란 태어나는 것이 아니라 만들어지는 것임을 주장한다. 즉, 효과적인 리더십을 가져올 수 있는 리더행동을 알고 있다면, 지속적인 훈련과 교육을 통해 훌륭한 리더의 육성이 가능하다는 것이다.

앞서 살펴본 삼국지의 사례를 생각해보자. 특성론의 관점을 따르자면 관우가 보여준 자신감과 책임감에 기반한 리더십 특성은 유전적으로 타고 난 능력이기 때문에 이러한 특성을 지닌 관우같은 사람만이 리더가 될 수 있다고 보는 것이다. 하지만 행위론의 관점을 따르자면 자신감과 책임감을 선천적으로 타고 나지 못했더라도 지속적인 훈련과 교육을 통해서 기를 수 있으며, 리더가 보여야 할 행위를 익힐 수 있다는 것이다. 행위론은 다음과 같은 이론적 발전과정을 거쳐왔다.

행위론에 대한 대표적인 연구들로는 **미시간 대학**(University of Michigan)**의 연구**와 **오하이오 주립대학**(Ohio State University)**의 연구**, **블레이크**(Blake)**와 모튼**(Mouton)**의 관리격자도**(Managerial Grid) **이론** 등을 들 수 있다.

미시간 대학의 연구는 이 대학의 사회조사연구소의 소장인 리커트(Rensis Likert)를 중심으로 실시되었는데 리더의 행동유형을 **종업원 중심적**(Employee-Centered) **행위**와 **직무 중심적**(Job-Centered) **행위**로 구분하였다. 종업원 중심적 행위유형은 리더가 의사결정권을 구성원들에게 위임해준다거나 후원적인 작업환경을 조성해주는 등 구성원들의 개인적 성장이나 성취에 보다 큰 의미를 부여하는 행동을 의미한다. 반면에 직무중심적 행위유형은 구성원들의 성장보다는 과업 그 자체를 중시하며 엄격한 통제와 감독을 통해 높은 생산성을 추구하려는 행동을 의미한다. 이러한 두 행위유형은 별개의 차원이 아니라 하나의 연속선상에 놓여있다는 것을 전제로 한다. 즉, 어느 한 리더가 종업원 중심적 행위유형을 지니고 있다는 것은 그가 동시에 직무 중심적 행위유형을 보일 수 없다는 것을 의미한다는 것이다.

오하이오 주립대학의 연구는 리더십 스타일을 **구조주도**(Initiating Structure)와 **배려**(Consideration)이라는 별개의 독립적인 개념으로 파악하였다.

이 연구에서 구조주도적 행위는 구성원들간의 관계를 규정하며, 집단을 조직화하고 의사소통의 경로 등을 설정하여, 집단의 과업을 구체화하는 것과 관련된 리더의 행위를 의미한다. 반면에 배려적 행위란 리더와 구성원들간의 친밀감, 상호신뢰, 존중 등과 관련된 리더의 행위를 의미한다. 오하이오 주립대학의 연구는 구조주도적 행위의 높고 낮음, 그리고 배려적 행위의 높고 낮음에 따라 4가지 형태의 유형으로 구분할 수 있다. 과연 구조주도와 배려행위 중 어느 것이 리더십을 발휘하는데 더 효과적일까? 군대조직 교육 및 기업조직에서 구체적으로 많은 연구가 이루어졌는데 그 결과 구조주도행위와 배려행위를 동시에 높게 보이는 리더가 더 효과적인 것으로 나타났다. 그러나 구조주도와 배려의 유효성은 상황에 따라 달라진다는 사실들이 리더십 연구에서 나타나고 있다. 그렇다면 리더를 육성하기 위해서 어떤 프로그램들이 필요한 것일까? 앞서 살펴본 특성이론에서는 리더를 확보하기 위해서 그 사람의 특성을 중심으로 선발기준에 맞게 선택하는 것에 역점을 둘 수밖에 없다. 반면 리더는 후천적인 교육, 훈련을 통하여 개발할 수 있다는 전제를 인정하는 행위중심이론에서는 많은 리더십 훈련 프로그램들이 개발되어 사용되어 왔다. 그러나 활용되어온 프로그램이 리더십 개발에 어느 정도로 유효성이 있는가에 대한 객관적인 검증작업은 미비한 상태이다. 그럼에도 불구하고 가장 많이 활용되어온 훈련프로그램으로 블레이크(Blake)와 모튼(Mouton)의 관리격자 프로그램을 들 수 있다.

[그림 2-5] 블레이크와 모튼의 관리격자도

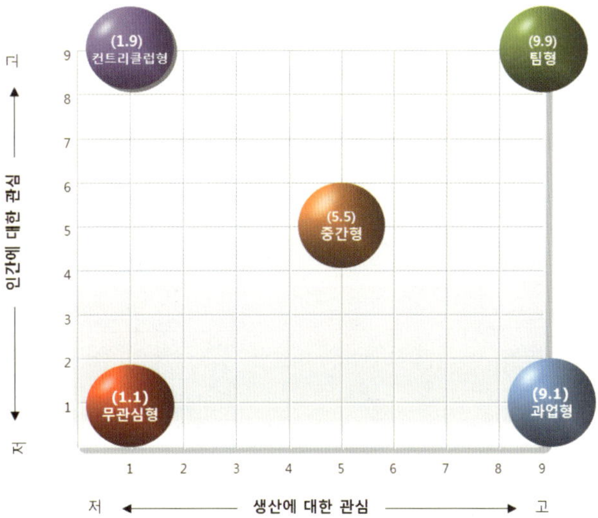

출처: Blacke. R. R. and J. S. Mouton, 1968. Corporate Excellence Though Grid Organizational Development, Houston: Gulf Publishing에서 재수정

블레이크(Blake)와 모튼(Mouton)은 오하이오 주립대학의 연구를 발전시켜 관리격자(Managerial Grid) 프로그램을 제시하였다. 이 프로그램은 오하이오 주립대학의 연구에서 사용한 구조주도와 배려의 개념대신에 **인간에 대한 관심**(Concern for People)과 **생산에 대한 관심**(Concern for Production)을 두 축으로 한다.

블레이크와 모튼은 [그림 2-5]에서와 같이 인간에 대한 관심과 생산에 대한 관심을 각각 9등분하여 총81개의 유형으로 리더십 유형을 구분하고, 대표적인 5가지 유형의 리더십 유형을 제시하고 있다. (1.1)의 무관심형은 인간과 생산 모두에 대해 관심이 거의 없는 리더의 유형으로 볼 수 있으며(1.9)의 컨트리클럽형은 인간에 대한 관심은 매우 높으나 생산에 대한 관심은 매주 낮은 유형으로 일은 도외시하고 인간관계에만 집중하는 유형이며, (9.1)의 과업형은 이와 반대로 생산에 대한 관심은 매우 높으나, 인간에 대한 관심은 매우 낮은 유형으로 일에만 집중하는 유형이다. (5.5)의 중간형은 인간에 대한 관심과 생산에 대해 적당한 관심의 정도를 갖는 유형을 말하며(9.9)의 팀형은 인간과 생산 모두에 매우 높은 관심을 가지고 있는 유형을 말한다.

2. 행위이론의 사례

〈사례5〉 김경문 감독의 리더십

베이징 올림픽 야구 결승전

2008년 8월 23일 베이징의 우커송 야구장에서는 대한민국 대 쿠바의 베이징 올림픽야구 결승전에 열리고 있었다. 9회말까지 2대 3으로 뒤지고 있는 쿠바의 마지막 공격. 쿠바와의 경기가 어려울 것이라는 대다수의 예상과는 달리 대한민국은 1회 국민타자 이승엽선수의 2점 홈런을 시작으로 쿠바에게 앞선채로 경기를 이끌고 있었으며 금메달을 획득하기 까지 단 2개의 아웃카운트만을 남겨두고 있었다. 당시 마운드에는 아마추어야구의 최강자로 군림해온 쿠바의 강타선을 상대로 9회까지 단 2실점만을 기록한 20대 초반의 류현진 투수가 올라와 있었다. 8회까지도 스트라이크로 판정되던 공이 연이어 볼로 판정이 되며 연이어 2개의 볼넷을 허용하여 1사 만루의 위기에 몰린 대한민국 대표팀, 이대로라면 동점이 아닌 역전도 허용할 상황이었다. 심판의 판정에 불만을 느낀 강민호 포수가 심판에게 판정에 대한 항의를 하다가 퇴장을 당한다. 미국 메이저리그에서도 영입을 간절히 원한다는 쿠바의 구리엘 선수가 타석으로 들어선다. 절체절명의 위기상황에서 대한민국의 김경문 감독은 컨디션이 좋지 않아 출전을 보류하던 정대현 투수와 부상으로 출전을 하지 못했던 진갑용 포수를 투입한다. 정대현 투수는 단 3개의 공을 던지며 강타자 구리엘 선수를 병살타로 처리하며 대한민국에게 올림픽 야구 역사상 첫 금메달을 안긴다."

위의 사례는 대한민국을 열광시켰던 2008 **베이징 올림픽 야구 결승전**을 간략하게 보여주고 있다. 드라마같은 경기를 매 경기마다 연출하며 9전 전승으로 우승한 대한민국 야구 대표팀은 **김경문 감독**이라는 한 승부사를 보유하고 있었다. 과연 그의 어떠한 리더십이 이와 같은 놀라운 성과를 가져오게 할 수 있었을까?

사실 대부분의 스포츠가 그렇듯이 야구 역시 선수들 간의 경기로 진행이 되지만 야구는 그 특성상 감독이 어떤 선수들을 기용하는지, 언제 교체하는지 또, 어떠한 작전을 구사하는지의 행동에 따라 그날의 경기분위기를 이끌어 가기도 하며, 상대팀에 내어주기도 하는 그런 스포츠이다. 그렇기 때문에 야구경기에서 감독이 내려야할 판단과 행동은 경기와 선수들에게 상당부분 영향을 미치게 되고, 감독이 어떠한 리더십을 발휘하느냐에 따라 같은 선수를 보유하고 있는 팀이라 하더라도 다른 팀 컬러를 보유할 수 있게 되며, 결국 경기 결과에도 영향을 미치게 된다.

[그림 2-6] 올림픽 우승 후 헹가레를 받는 김경문 감독

출처 : 뉴시스(www.newsis.com)

앞서 살펴본 특성론에서는 리더가 갖추어야 할 고유한 특성에 주된 관심을 두기 때문에, 야구 감독이 지녀야할 특성을 지니고 있는 사람이라면, 누구라도 야구 감독이 될 수 있지만, 그러한 특성을 지니지 못한 사람이라면 결코 감독이 될 수 없다고 본다. 과연 그럴까? 야구 감독으로서 요구되는 몇몇 특성만 지닌다면 누구나 훌륭한 감독이 될 수 있을까?

야구라는 경기의 특성상 감독이 갖는 권한은 경기에 지대한 영향을 미칠 수 있기 때문에 야구감독이 지녀야할 특성으로는 신체적 특성보다는 성격적 특성이나 능력특성이 더 중요시 된다고 볼 수 있다.

왜냐하면, 상대팀의 전략과 자신의 팀의 전력을 철저히 비교 분석하고 각 선수의 장단점을 잘 파악하고 있어야 하며, 경우에 따라서는 팀의

분위기나 결속력을 높이기 위한 강력한 선수 장악력을 보유하고 있어야 하기 때문이다. 즉, 감독이 지니는 특성(Trait)은 그 팀의 특성으로 나타나고 팀의 특성이 팀의 성과에 영향을 주게 되는 것이다. 또한, 다른 운동경기도 그렇겠지만, 특히, 야구는 철저히 선수들의 데이터에 의존하여 전략과 전술을 운용하는 경우가 많다. 보통의 감독들은 자신의 팀의 주축이 되는 중심선수라 하더라도 그 선수의 최근 컨디션이 좋지 못하거나 상대팀 선수에 강한 모습을 보이지 못한다면 컨디션이 좋은 다른 선수를 출전시키는 것이 더 바람직할 수 있기 때문이다.

하지만 베이징 올림픽경기에서 보여준 김경문 감독의 경기운용은 일반적인 상식과는 다른 형태를 보여주었다. 그 단적인 예가 이승엽 선수의 기용이다.

사실 올림픽이 시작되기 전에 이승엽 선수는 부상후유증으로 인해 소속팀인 요미우리 자이언츠에서도 제 역할을 다하지 못하고 있었으며, 올림픽 본선 조별리그에서도 1할대 초반의 저조한 성적을 기록하고 있었다. 이러한 상태에서 대부분의 감독들, 즉 일반적인 특성을 지니고 있는 감독이라면 단 한 번의 경기로 승패가 갈리는 토너먼트인 준결승과, 결승전에 이승엽선수의 출전을 놓고 고민할 수밖에 없었을 것이다. 그리고 다른 대안을 선택했을 것이다. 하지만 김경문 감독은 그렇지 않았다.

대한민국 대표팀이 금메달을 확정지은 후 한 방송사와 한 인터뷰에서도 나타났듯이 김경문 감독은 이승엽 선수의 존재감만으로도 선수단에 큰 힘이 되었으며, 비록 예선에서는 저조한 성적을 보이고 있었으나, 큰 경기에서 결정적인 역할을 해 줄 것이라고 믿고 있었다고 한다.

이러한 김경문 감독의 신뢰에 보답하듯이 이승엽 선수는 일본과의 준결승전에서 역전 2점 홈런을 쏘아 올렸으며, 쿠바와의 결승전에서도 선제 2점 홈런을 날려, 올림픽 우승의 주역이 되었다.

자신이 선발한 선수에 대한 “무한 신뢰”, 이것이 김경문 감독의 지니고 있는 리더십 특성론의 한 키워드라고 할 수 있을 것이다. 물론 김경문 감독의 특성을 신뢰의 측면에서만 설명하기는 어렵다. 비록 적장이지만 연장자인 호시노 일본 대표팀감독에게는 연장자에 대한 예우를 갖추는 겸손함과 승부처라고 판단되는 상황에서는 경기 중반이라도 거포 이대호 선수 대신에 발빠른 대주자 이진영 선수를 기용하고, 일본 대표팀 불펜에서 가장 구위가 뛰어나다는 좌완 후지카와를 상대로 승부를 거는 용기 등 여러 요인들이 있을 수 있다.

하지만 김경문 감독의 이러한 특성을 가진 사람이면 누구라도 뛰어난 성과를 가져올 수 있는 감독이 될 수 있다고 주장하는 특성론은 현실에서는 맞지 않는 경우가 대부분이기 때문에 ‘야구 감독으로서 요구되는 몇몇 특성만 지닌다면 누구나 훌륭한 감독이 될 수 있을까?’ 라는 질문에 ‘그렇다’ 라고 선뜻 답하기는 매우 어려운 것이 사실이다.

그렇다면 김경문 감독의 리더십을 특성론이 아닌 행위이론으로 살펴보도록 하자. 앞서 우리는 행위이론들의 내용들을 살펴보았다. 이들 연구들은 각기 다른 분류기준과 용어[22]를 사용하고 있지만 공통적인 특성을 보면 리더가 그 조직의 사람 자체, 인간 자체에 관심을 보이는지, 아니면 생산 즉, 성과에 집중하는지 어디에 그 의미를 더 부여하고 있는지로 구분할 수 있다. 이러한 구분법을 따르자면 김경문 감독은 성과보다는 대표팀 선수들 그 자체에 더 큰 관심을 가지고 있었던 유형으로 살펴볼 수 있다. 또한 주심에게 퇴장당한 강민호선수로 상황이 어렵게 되

22) 미시간 대학의 연구는 리더의 행동유형을 종업원 중심적(Employee-Centered) 행위와 직무 중심적(Job-Centered) 행위로 구분하였으며, 오하이오 주립대학의 연구는 리더십유형을 구조주도(Initiating Structure)와 배려(Consideration)이라는 별개의 독립적인 개념으로 파악하였고, 블레이크(Blake)와 모튼(Mouton)은 오하이오 주립대학의 연구를 발전시켜 인간에 대한 관심(Concern for people)과 생산에 대한 관심(Concern for Production)을 두 축으로 하는 관리격자(Managerial Grid) 이론을 제시하였다.

었을 때 주장인 진갑용선수의 의견을 받아들여 부상당한 정대현선수를 과감히 기용하여 행동한 점은 결정적인 순간에 감독 자신의 판단보다는 선수들의 의견을 수용할 수 있었기 때문이다.

김경문 감독의 행위유형은 미시간 대학의 연구를 따르자면, 종업원 중심적(Employee-Centered) 행위유형으로 볼 수 있으며, 오하이오 주립대학의 연구에 따르면, 리더와 구성원간의 친밀감, 상호신뢰, 존중 등과 관련된 리더의 행위를 나타내는 배려적 행동으로 볼 수 있다.

리더십 행위론 역시 어떤 상황에서도 리더가 특정 행위만 보인다면 리더십의 유효성이 높아짐을 주장하는 이론이다. 하지만 현실에서는 그러한 보편론적인 리더십은 흔치 않으며 각 리더가 처해있는 상황을 고려해야하는 경우가 대다수이다. 이러한 예는 김경문 감독의 경우에서도 잘 나타나고 있다. 올림픽 경기에서 대표팀을 잘 지휘한 김경문 감독은 9전 전승이라는 기록으로 올림픽 우승이라는 큰 결실을 맺었다. 반면, 올림픽 후 국내리그에 복귀해 치른 소속팀의 경기에서 패해 리그 9연패를 기록했다. 김경문 감독이 베이징에서 선수들을 지휘한 행위와 국내 복귀후 소속팀에서 선수들을 지휘한 행위에는 차이가 없지만 결과는 전혀 다르게 나타난 것이다. 즉, 리더의 행위만으로 리더십의 유효성이 결정된다는 행위론의 한계로 인해 리더가 처한 상황과 리더의 행위유형을 함께 고려하는 리더십의 상황이론이 등장하게 된다.

3장 리더십을 상황론(Contingency Theory)으로 보는 관점

3장에서는 상황이론에 대해서 살펴본다. 리더십을 상황이론으로 보는 관점은 간단히 말해 리더의 행동과 리더십이 수행되는 상황적 요인들이 복합적으로 작용하여 리더십의 유효성이 결정된다는 이론이다. 즉, 상황변수들의 각각의 특성과 리더의 유형과의 관계를 체계적으로 설명해주고 있는 이론이라 할 수 있다.

1. 피들러(Fiedler)의 상황이론

리더십 상황이론의 대표적인 이론으로는 **피들러(Fiedler)의 이론**을 들 수 있는데 피들러의 이론은 리더십연구에서 상황요인을 고려한 최초의 이론으로서 집단의 성과는 리더의 리더십유형과 상황요인의 호의성 간의 적합도에 따라 달라진다고 주장한다. 즉 리더의 리더십유형을 관계지향적 혹은 과업지향적으로 구분하고, 이러한 리더십유형이 "**리더-구성원간의 관계**(Leader-Member Relations)[23], **과업구조**(Task Structure)[24], **리더의 지위권력**(Position Power)[25]" 등의 상황요인과

23) 리더-구성원관계는 조직 내에서 리더가 구성원과 상호 신뢰를 바탕으로 좋은 관계를 맺고 있는지 아닌지를 나타내는 개념이다.

24) 과업의 구조화정도는 과업의 목표가 구체적이고 명확한 정도를 의미하며 과업이 분명하게 정의되어져 있다면 높은 과업구조로 명확히 정의되어져 있지 않다면 낮은 과업구조로 본다.

25) 리더의 지위권력은 리더가 집단 구성원들로 하여금 영향력을 행사할 수 있는 권한이 부여되어 있는지의 여부에 따라 강한 지위권력과 약한 지위권력으로 나눌 수 있다

얼마나 잘 부합하는지 여부에 따라 리더십의 성과가 결정된다는 것이다.

[표2-3] LPC 척도

LPC 척도(Least Preferred Co-worker Sacle)			
점수쾌활한 사람	8 7 6 5 4 3 2 1	쾌활하지 못한 사람	점수
친절하고 다정한 사람	8 7 6 5 4 3 2 1	불친절하고 다정하지 못한 사람	
거부적인 사람	1 2 3 4 5 6 7 8	수용적인 사람	
긴장하고 있는 사람	1 2 3 4 5 6 7 8	긴장을 풀고 여유있는 사람	
거리를 두는 사람	1 2 3 4 5 6 7 8	친근한 사람	
냉담한 사람	1 2 3 4 5 6 7 8	다정한 사람	
지원적인 사람	8 7 6 5 4 3 2 1	적대적인 사람	
따분해하는 사람	1 2 3 4 5 6 7 8	흥미가 있어 하는 사람	
싸우기 좋아하는 사람	1 2 3 4 5 6 7 8	화목하고 잘 조화하는 사람	
우울한 사람	1 2 3 4 5 6 7 8	늘 즐거워하는 사람	
서슴지 않고 개방적인 사람	8 7 6 5 4 3 2 1	주저하고 폐쇄적인 사람	
험담을 잘하는 사람	1 2 3 4 5 6 7 8	너그럽고 관대한 사람	
신뢰할 수 없는 사람	1 2 3 4 5 6 7 8	신뢰할 만한 사람	
사려깊은 사람	8 7 6 5 4 3 2 1	사려깊지 못한 사람	
심술궂고 비열한 사람	1 2 3 4 5 6 7 8	점잖고 신사적인 사람	
마음에 맞는 사람	8 7 6 5 4 3 2 1	마음에 맞지 않는 사람	
성실하지 않은 사람	1 2 3 4 5 6 7 8	성실한 사람	
친절한 사람	8 7 6 5 4 3 2 1	불친절한 사람	

출처 : Fiedler, F. E. and Chemers, M. M. (1984). Improving Leadership Effectiveness: The Leader Match Concept(2nd ed.)

피들러는 리더십연구에서 상황요인을 고려한 최초의 이론으로서 집단의 성과는 리더의 리더십유형과 상황요인의 호의성간의 적합도에 따라 달라진다고 주장한다. 이 모델에서 리더십 유형은 LPC(Least Preferred Co-worker) 설문에 의해 측정되는데 이는 리더가 함께 일하기 가장 싫은 동료를 떠올리고 그 동료에 대한 태도를 측정하는 항목들로 구성되어져있다. [표2-3]에서 볼 수 있듯이 각 문항에 대한 점수의 합이 64점이 넘는 경우에는 관계지향적 리더십 유형을 갖는 것으로 보며, 점수의 합이 57점 이하면 과업지향적 리더십 유형을 갖는 것으로 본다. 이러한 판단근거는 LPC 점수가 높다는 것은 함께 일하기 가장 싫은 동료에게도 우호적인 평가를 내렸다는 점에서 관계지향적으로 평가되고, LPC 점수가 낮다는 것은 같이 일하기 싫어하는 동료에게 비우호적인 평가를 내렸다는 점에서 과업지향적으로 평가된다는 것이다.

피들러의 이론에서는 리더십의 유형을 별개의 차원이 아닌 하나의 단일 차원으로 파악하고 있다. 즉, 관계지향적 리더십 유형을 보이는 리더는 동시에 과업지향적 리더십을 보이지 못한다고 가정한다. 피들러이론에서 상황의 호의성 여부를 결정하는 상황요인은 리더-구성원간의 관계(Leader-Member Relations), 과업구조(Task Structure), 리더의 지위권력(Position Power) 세 가지로 살펴볼 수 있다.

리더-구성원관계는 조직 내에서 리더가 구성원과 상호 신뢰를 바탕으로 좋은 관계를 맺고 있는지 아닌지를 나타내는 개념이며, 과업의 구조화정도는 과업의 목표가 구체적이고 명확한 정도를 의미하며 과업이 분명하게 정의되어져 있다면 높은 과업구조로 볼 수 있고 명확히 정의되어져 있지 않다면 낮은 과업구조로 볼 수 있다. 세 번째 요인인 리더의 지위권력은 리더가 집단 구성원들로 하여금 영향력을 행사할 수 있는 권한이 부여되어 있는지의 여부에 따라 강한 지위권력과 약한 지위권력으로 나뉘어진다. [표2-4]에서 처럼 이러한 세 가지 상황요인들이 리더에게 호의적(좋은 리더-성원관계, 높은 과업구조, 강한 지위권력)

이거나 비호의적(나쁜 리더-성원관계, 낮은 과업구조, 약한 지위권력)일 경우에는 관계지향적 리더십유형보다는 과업지향적 리더십유형의 리더가 더 효과적이며, 중간정도의 호의성(세 가지 상황요인 중 어느 한, 두 가지 요인은 강하지만 나머지는 약하게 존재할 경우)에는 관계지향적 리더십유형의 리더가 더 효과적이라고 주장한다.

[표2-4] 피들러의 상황적 리더십

리더십 상황적합모형

리더-성원관계	좋음				나쁨			
과업구조	높은 과업구조		낮은 과업구조		높은 과업구조		낮은 과업구조	
지위권력	강한권력	약한권력	강한권력	약한권력	강한권력	약한권력	강한권력	약한권력
	1	2	3	4	5	6	7	8
선호되는 리더십 유형	낮은 LPC 중간 정도의 LPC		높은 LPC					낮은 LPC

출처 : Fiedler. F. E. 1967. A Theory of Leadership Effectiveness, New York: McGraw-Hill

피들러는 리더십 효과를 높이기 위해서 두 가지 선택을 고려해야 한다고 주장한다. 그 중 하나는 리더의 유형을 변화시키는 것이고, 다른 하나는 상황을 리더의 속성에 적합하게 조정하는 것이라고 주장한다. 그러나 리더십 유형을 바꾸는 것은 매우 어려운 것으로 어느 면에서 보면 리더가 처한 상황을 변화시키는 것이 더 수월할 수 있다고 본다. 그래서 피들러는 상황모델에 기초하여 리더매치(Leader Match) 훈련 프로그램을 만들어 LPC 점수에 맞도록 상황호의성을 바꾸는 절차와 방법을 제시하고 있다.

하지만 이에 대한 평가는 긍정적인 면보다 부정적 측면이 더 강한 것으로 평가되고 있다. 설문지가 무엇을 측정하는지 명확하지 못하며, 상황변수의 적용문제나 타당성의 문제가 제기되고 있기 때문이다.

앞서 살펴본 김경문 감독의 사례를 피들러의 상황이론의 측면에서 살펴보면 김경문 감독이 대표팀을 맡을 당시의 상황은 그리 호의적인 것은 아니었다. 먼저 열악한 야구 인프라를 들 수 있다. 이승엽 선수의 인터뷰에서도 나타나듯이 일본은 야구의 기본 토대라고 볼 수 있는 고교 야구팀이 4천2백여 개가 있으나 대한민국의 고교팀의 수는 겨우 60여 개에 불과하다. 이뿐만 아니라 일본에는 쾌적한 돔 구장이나 관련 시설물들이 잘 마련되어 있고 두터운 선수층을 보유하고 있으며, 선수관리도 체계적으로 잘 이루어지는 반면, 우리나라는 그렇지 못하다.

두 번째로는 대한민국 대표팀의 전력이 이전에 비해 그리 좋지 못했다. 대한민국 대표팀은 2006년 제1회 'World Baseball Classic'에서 4강이라는 기대 이상의 성적을 거둔 후 2006년 도하아시안게임에서 한 수 아래라고 여겨지는 대만에게 패배하는 등 성적이 하향세를 그려왔다. 이로 인해 베이징 올림픽에서 4강 안에만 들어도 성공적이라는 예상을 받아왔음은 주지의 사실이다.

하지만 적어도 상황요인의 한 요인인 리더-구성원의 관계는 상당히 호의적이었던 것으로 평가할 수 있다. 이번 대표팀의 선발과정에서도 김경문 감독은 야구인의 한 사람으로서 한 점 부끄럼 없이 선수들을 선발했다고 밝히고, 자신이 선발한 선수들에 대한 무한한 신뢰감을 표시하였다. 한번 믿고 뽑은 선수들에 대해 깊은 신뢰감을 형성하고 있었으며, 선수들 역시 김경문 감독의 이러한 신뢰에 보답하고자 매 경기 최선을 다하는 모습을 보여주었다. 이러한 호의적 리더-구성원의 관계가 대한민국 대표팀의 포기하지 않는 끈끈한 팀컬러 형성에 영향을 미친 것이다.

2. 하우스(House)의 경로-목표 이론 (Path-Goal Theory)

하우스(House)의 경로-목표이론은 리더가 구성원들에게 개인이나 조직의 목표를 달성하는 데 있어 경로를 분명하게 해주고, 그들에게 동기를 부여해주는 것에 중점을 두고 있다. 그러므로 리더는 구성원들이 보상을 받을 수 있는 경로를 분명하게 제시해 줌과 동시에 그들이 어떠한 보상을 원하는지를 알고 바람직한 행동을 실행하도록 도와주어야 한다. 이때 리더가 보여줄 수 있는 행동은 지시적 리더십, 후원적 리더십, 참여적 리더십, 성취지향적 리더십으로 구분할 수 있다. **지시적 리더십**은 글자가 의미하는 대로 규정을 지키고 구체적 작업일정 등 어떠한 일을 해야하는지를 분명하게 알려주는 리더의 행동을 말한다. **후원적 리더십**은 구성원들과 동지적 관계를 중시하는 리더의 행동을 의미하며,

참여적 리더십은 구성원들의 의견을 고려하여 의사결정을 하는 행동유형을 말한다. **성취지향적 리더십**은 그들의 효과적인 성과를 이루기 위해 자신감 있는 태도를 갖도록 유도하는 리더십을 말한다. 하우스는 리더들이 이러한 어느 한 유형에 구애받지 않고 상황에 따라 적절하게 리더십 유형을 사용해야 효율적인 리더십을 달성할 수 있다고 주장한다.

하우스의 경로-목표 이론은 비단 기업조직 뿐만 아니라 학교조직에서도 얼마든지 적용할 수 있다. 예를 들어, 학교에서 원만한 교우관계를 형성하지 못하는 학생에게, 친구의 중요성을 깨달을 수 있도록 부모나 교사가 따뜻한 조언을 해 준다면 그것이 그 학생에게는 후원적 리더십으로 작용하여 자신감을 회복할 수 있게 될 것이다. 또한 공부를 잘하고 싶은 학생이 무엇을 어떻게 학습해야 할지 몰라 방황하고 있을 때 교사가 어떻게 공부해야 하는지 학습방법을 분명하게 알려주고 학습목표를 달성할 수 있게 경로를 명확하게 제시해 줄 수 있을 것이다.

하우스의 이론은 리더의 다양한 스타일을 전제로 했다는 점에서 피들러의 상황적 리더십보다는 합리적이고 진일보한 이론으로 평가받고 있지만, 한편 지나치게 기대론적이며 변수들의 명확한 정의가 이루어지지 않은 상태에서 구성원들의 동기유발의 측면을 강조하고 있고 이 이론에 대한 실증연구가 충분치 못하다는 비판을 받고 있다.

〈사례7〉 서유기[26]

삼장법사의 이야기

《서유기》(西遊記)는 중국 명나라 때에 오승은(吳承恩)이 저술한 소설로, 7세기에 당나라 승려 현장(玄奘)이 인도에 가서 불경을 가져온 일을 바탕으로 꾸민 이야기이다. 서유기는 손오공이 하늘나라에 죄를 짓고 오행산에 감금되는 이야기와 삼장법사가 손오공, 저팔계, 사오정을 제자로 삼고 천축으로 불경을 구하러 가는 도중에 벌어지는 이야기로 구성되어 있다.

서유기는 중국, 한국, 일본 등 아시아 지역 등에서 꾸준히 읽히는 책 중의 하나로, 이를 소재로 많은 영화와 애니메이션, 소설 등이 발간되었다. 하지만 많은 독자들은 서유기하면 주로 손오공이나 저팔계, 사오정 등을 떠올릴 것이다. 그도 그럴것이 천방지축처럼 넘치는 의욕과 열의로 일관하는 손오공, 먹는 것에 집착하면서 약간의 단순함을 보이는 저팔계, 서유기의 줄거리와는 크게 상관은 없지만 우리 사회에서 흔히 농담으로 회자되는 사오정 등의 캐릭터가 갖는 이미지가 너무 강하기 때문일 것이다. 하지만, 이러한 삼장법사와 그의 제자들의 좌충우돌 천축여행기를 단순히 요괴퇴치의 이야기로 묻어두기에는 너무 아쉬운 면이 있다. 왜냐하면 그 이면에는 삼장법사의 리더십이 숨겨져 있기 때문이다. 본시에서 우리는 삼장법사의 리더십을 하우스(House)의 경로-목표이론(Path-Goal Theory)의 측면에서 살펴보고자 한다.

26) 당나라 황제의 칙명으로 불전을 구하러 인도에 가는 현장삼장(玄三藏)의 종자(從者) 손오공(孫悟空)은 돌에서 태어났으며, 도술을 써서 천제의 궁전이 발칵 뒤집히는 소동을 벌인 죄로 500년 동안 오행산(五行山)에 갇혀 있었는데, 삼장법사가 지나가는 길에 구출해 주었다. 그 밖에 돼지의 괴물이며 머리가 단순한 낙천가 저팔계(猪八戒), 하천의 괴물이며 충직한 비관주의자 사오정(沙悟淨) 등을 포함한 일행은 요괴의 방해를 비롯한 기상천외의 고난을 수없이 당하지만 하늘을 날고 물 속에 잠기는 갖가지 비술로 이를 극복하여 마침내 목적지에 도달하고 그 공적으로 부처가 된다는 것이 전반적인 줄거리이다.

[그림 2-8] 서역으로 불경을 가지러 떠나는 삼장법사 일행

출처 : 위키 백과사전

앞서 우리는 하우스의 경로-목표 이론을 살펴보았다. 경로목표이론에 따르면 리더는 2가지 방법으로 구성원들의 동기를 유발할 수 있는데, 그 첫 번째 방법은 구성원들이 받을 수 있는 보상에 다다를 수 있는 경로를 명확하게 제시해 주는 것이고, 두 번째 방법은 구성원들이 받기를 원하는 보상의 양과 질을 높이는 것이다. 이러한 측면에서 삼장법사는 손오공, 저팔계, 사오정 등 저마다가 원하는 보상에 다다를 수 있는 길(천축까지 삼장법사를 잘 호위하여 불경을 가져오는 것)을 명확히 제시한다. 손오공, 저팔계, 사오정 등은 모두 전생에 지은 죄로 인해 현재의 모습을 하고 있었기 때문에 원래의 상태로 되돌아 가려는 강렬한 열망(예를 들어, 오공은 이마에 둘러진 '금고아' 를 벗고 싶어하는 것처럼)을 지니고 있었고, 천축까지 삼장법사를 잘 호위하여 목표를 성취함으로서 그러한 열망을 실현시키고자 한 것이다. 삼장법사는 오공, 팔계, 오정의 이러한 열망을 잘 알고 있었다. 그렇기 때문에 여행도중 일어나는 많은 돌발상황, 삼장법사의 지시를 잘 따르지 않았을 경우에 그들이 받게될 보상을 상기시켜주며 제자들이 가야할 방향과 길을 명확히 제시해 줄 수 있었던 것이다.

3. 허쉬(P. Hersey)와 블랜차드(K.H. Blanchard)의 성숙도 이론

허쉬(P. Hersey)와 블랜차드(K.H. Blanchard)는 리더의 과업지향적 행위와 인간관계지향적 행위에 따라 효과적인 리더십 유형을 설명하려 했다는 점에서는 기존 오하이오 주립대학의 연구(구조주조와 배려)와 큰 차이를 보이지 않고 있지만 구성원들의 성숙도를 같이 고려했다는 점에서 큰 차이가 있다. 그들은 **과업지향적 행위와 인간관계지향적 행위**를 바탕으로 4가시 분면으로 리더십유형을 구분하고 **구성원의 성숙도**의 높고 낮음에 따라 3가지 차원에서 리더십 유형을 설명하였다.

[그림 2-9]에서 볼 수 있듯이 구성원들의 성숙도가 매우 낮으며 과업 행위는 높지만 관계 행위는 낮은 S1의 유형은 **지시형**으로서 리더가

구성원들의 역할이나 과업을 정의해주며 구체적으로 지시해주는 특성을 보인다.

구성원들의 성숙도가 중간 정도이며 과업 행위와 관계 행위가 모두 높은 S2의 유형은 지원형으로서 리더가 내린 결정을 구성원에게 설득하며, 구성원들의 자주성을 인정해주는 특성을 보인다.

구성원들의 성숙도가 중간 정도이며 과업 행위는 낮지만 관계 행위는 높은 S3의 유형은 참여형으로서 구성원들을 의사결정과정에 참여시키고 리더는 구성원들의 자발적인 참여를 유도하는 특성을 보인다. 마지막으로 구성원들의 성숙도가 높으며 과업 행위와 관계 행위 모두 낮은 S4의 영역은 위양형으로서 리더는 거의 영향력을 행사하지 않으며 결정과 실행에 있어서 구성원들이 주도적인 역할을 하는 특성을 보인다.

[그림 2-9] 허쉬와 블랜차드의 상황모형

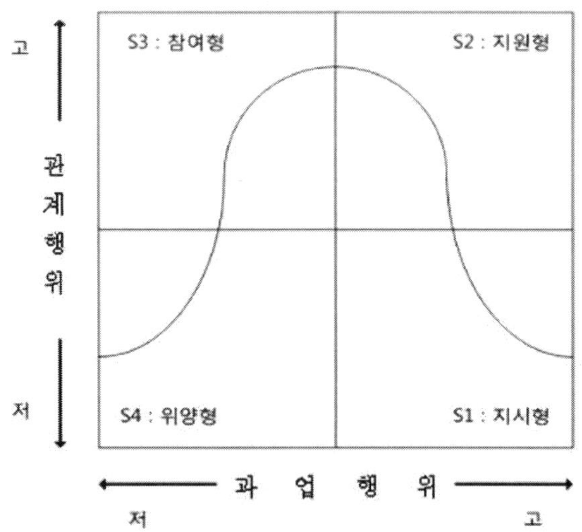

하급자의 성숙도

<고>	<중 간>		<저>
R4	R3	R2	R1
능력高 의지高	능력高 의지低	능력低 의지高	능력低 의지低
하급자 주도		리더 주도	

출처 : P. Hersey and K. H. Blanchard, 1988, Management of Organizational Behavior, 5th, ed., Prentice-Hall. 백기복, 2007에서 재인용

이 이론의 핵심은 과업지향적 행위와 인간관계지향적인 행위뿐만 아니라 구성원의 성숙도도 고려하여 리더십의 유형을 구분했다는 것이다.

〈사례8〉

바보온달과 평강공주 이야기

온달은 고구려 평강왕 때의 사람으로, 얼굴은 우습게 생겼지만 마음씨는 매우 밝았다고 한다. 하지만 집이 매우 가난하여 항상 밥을 빌어다 어머니를 봉양하였으며, 떨어진 옷과 해진 신으로 저자거리를 왕래하니, 사람들이 그를 보고 '바보 온달'이라 불렀다. 평강왕의 어린 딸이 울기를 잘해 왕은 "네가 항상 울어서 내 귀를 시끄럽게 하니, 커서 사대부의 아내가 될 수 없겠다. 바보 온달에게나 시집보내야 하겠다"고 놀렸다고 한다.

공주가 16세가 되자 왕은 상부(上部)의 고씨(高氏)에게 시집보내려

했다. 그러나 공주는 '임금은 식언(食言)할 수 없다' 며 궁중을 나와 온달을 찾아 부부가 되었다. 공주는 궁중에서 가지고 나온 패물을 팔아 집과 밭을 마련하고 말을 사서 준마로 키우고, 온달에게 문무를 단련케 하였다.

북주(北周)의 무제(武帝,)가 요동을 침략했다. 평원왕은 직접 군사를 거느리고 나서 이산(肄山)의 들에서 맞아 싸웠다. 온달은 선봉장으로 북주의 군사를 물리치는 데 큰 공을 세웠다. 왕이 기뻐하여 "이 사람은 나의 사위다. 예를 갖추어 맞이하고, 작위를 주어 대형(大兄)을 삼도록 하라."고 명하였다. 그 뒤 온달은 왕의 은총을 받으며 위엄과 권세를 누렸다. 영양왕이 즉위하자 온달이 아뢰어 말하였다. "신라가 한강 이북의 땅을 빼앗아 군현을 삼았으니, 백성들이 심히 한탄하여 일찍이 부모의 나라를 잊은 적이 없습니다. 대왕께서 어리석은 저를 못나게 여기지 않으신다면 군사를 주시기 바랍니다. 가서 반드시 땅을 되찾아오겠습니다." 왕이 허락하자, 온달은 떠나면서 "계립현(鷄立峴)과 죽령(竹嶺) 서쪽의 땅을 되찾지 못하면 돌아오지 않겠다"고 맹세하였다. 하지만 온달은 신라 군사들과 아단성(阿旦城) 아래에서 싸우다가 화살에 맞아 죽었다. 장사를 지내려는데 관이 움직이지 않았다. 공주가 와서 관을 어루만지면서 "죽고 사는 것이 이미 결정되었으니, 돌아갑시다"고 말하자 비로소 관이 움직였다. 대왕이 이를 듣고 몹시 슬퍼하였다.[27)]

아마 바보온달과 평강공주의 이야기를 모르는 독자는 거의 없을 것이다. 이 이야기의 흐름은 매우 단순하다. 고구려 평강왕이 울기 좋아하는 어린 딸의 울음을 그치게 하려고, 바보온달에게 시집보내겠다고 입

27) 두산백과사전

버릇처럼 이야기했던 것이, 발단이 되어 결국 평강공주가 바보온달에게 시집을 가게 되고, 평강공주는 바보온달에게 무예와 학문을 가르쳐 온달을 고구려의 훌륭한 장수로 키워냈다는 것이다.

이 단순한 구조 속에서도 우리는 평강공주의 리더십을 생각해 볼 수 있다. 평강공주가 바보온달을 처음 보았을 때와 결혼 후 학문과 무예를 가르치며 온달이 훌륭한 장수로 성장해가는 과정에서, 온달은 점차 성숙해갔을 것이다. 이러한 가정 하에 우리는 평강공주의 리더십을 리더십의 상황이론 중의 하나인 허시와 블랜차드의 이론을 중심으로 살펴보기로 한다.

[그림 2-10] 온달장군과 평강공주를 캐릭터화시킨 광진구청 마스코트

출처: 광진구청

성숙도 이론의 핵심은 과업지향적 행위와 인간관계지향적인 행위뿐만 아니라 추종자의 성숙도도 고려하여 리더십의 유형을 구분했다는 것이다. 비록 평강공주와 바보온달의 관계를 리더와 추종자의 관계였다고

단정지을 수는 없지만, 성숙도의 정도에 따라 적합한 형태의 리더십 유형이 존재하다는 논지에서 연관성을 찾고자 한다.

평강공주가 처음 바보온달과의 혼인을 위해 온달을 찾아갔을 때, 온달은 기이한 모습으로 주변 사람들에게 바보온달이라는 놀림을 받고 있었다. 즉, 이 시기의 온달은 단순히 음식을 구걸하여 어머니를 공양할 수밖에 없는 삶을 살고 있었으며, 만약 평강공주가 온달을 찾아오지 않았다면 온달의 생활은 변화되지 못했을 수도 있다. 초기의 온달은 미성숙한 단계로 볼 수 있으며, 이러한 상황을 평강공주는 학문과 무예를 통해 주위환경을 변화시켜 나가면서 온달의 의지와 능력을 높여갔다. 이때 평강공주는 온달에게 학문과 무예를 가르치기 위하여 지시형의 리더십 유형을 보였을 가능성이 크다. 그리고 온달이 점차 공부에 익숙해지고, 성숙도가 높아감에 따라 평강공주는 위양형의 리더십을 보이며, 온달이 스스로 학문을 익히고, 무예도 연마할 수 있는 조력자로서의 역할을 했을 것이다. 물론 이러한 설명이 역사적으로 검증이 되었다거나, 평강공주와 온달의 이야기가 허쉬-블랜차드의 리더십 이론과 정확하게 매치된다고 말할 수 는 없을 것이다. 하지만, 이러한 사례를 통해 리더십이라는 것이 우리 주변에서 일어나는 어느 상황에서나, 또 누구에게서나 찾을 수 있는 특성을 가지고 있다는 것을 강조하고 싶은 것이다.

4장 | 리더십을 리더와 구성원간의 관계를 중심으로 보는 관점

4장에서는 리더와 하급자간의 관계를 중심으로 보는 대표적인 리더십 이론인 LMX(Leader-Member Exchange) 이론을 살펴본다.

1. 교환론
(LMX : Leader-Member Exchange)

리더와 구성원간의 관계를 중심으로 보는 대표적인 리더십 이론으로 LMX(Leader-Member Exchange) 이론을 들 수 있다. LMX이론은 리더십을 리더와 구성원간의 상호작용을 중심으로 나타내는 과정으로 볼 수 있다(Northouse, 2004). 초기의 LMX 이론은 수직쌍 연결이론(VDL: Vertical Dyadic Linkage Theory)로 불렸는데, 이는 리더가 구성원들 각자와 형성하고 있는 수직적 관계의 성격에 관심을 갖는 것이었다. 즉, 이전의 리더십 이론들(특성론, 행위론, 상황론 등)이 리더가 구성원들을 대하는데 있어 일률적인 하나의 관계(ADI: Average Leadership Style)를 보여주고 있다면, VDL 이론에서는 리더와 구성원들의 관계는 각각의 개별적 관계를 갖는 것으로 본다. 즉, 리더는 구성원들을 동일하게 대하지 않고 리더와 구성원간에는 상이한 종류의 연

[그림 2-11] 전통적 리더십 견해와 VDL 이론

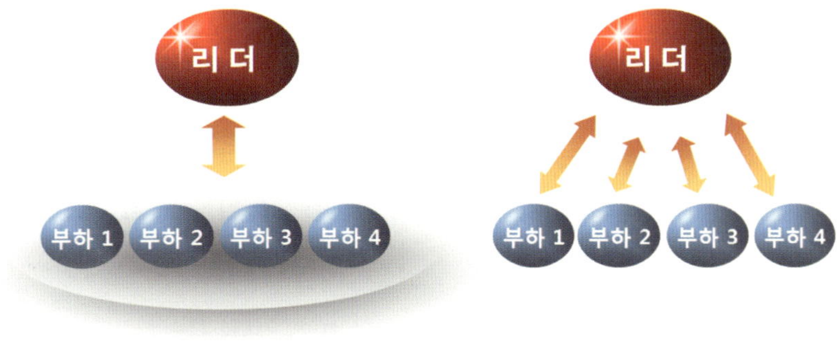

결쌍이 형성된다고 보는 것이 VDL 이론의 핵심이다. 전통적 리더십 견해(ADL)와 VDL의 차이점은 [그림 2-11]에 잘 나타나 있다.

또한 이 이론에서는 수직쌍의 종류를 **내집단(In Group)**과 **외집단(Out Group)**으로 구분한다. 쉽게 이야기하면 내집단의 구성원들은 공식적 관계 외에 리더와 구성원은 긴밀한 관계를 맺는 반면, 외집단에서는 리더와 구성원간의 긴밀한 관계적 교류없이 단지 공식적인 관계만을 맺는 특성을 보인다.「예」를 들어 한 학급을 경영할 때 교사와 4명의 분단장이 있다면 교사는 각각의 분단장 한 명에 대해서 교사와의 친밀도, 일의 능력, 교사와의 관계에 있어 각기 다른 인식을 갖게 된다. 그러므로 교사와 분단장 한 사람 한 사람의 관계를 중심으로 리더십을 논의해야 한다는 것이다.

리더가 구성원들과 상이한 종류의 쌍을 형성한다는 수직쌍연결이론의 관점은 리더와 구성원간 관계의 질을 고려하는 LMX(Leader-Member eXchange)이론으로 발전하게 된다. 그라엔(Graen)과 유흘비언(Uhl-Bien)은 LMX 이론은 4단계를 거쳐 발전된 것으로 보고 있다. 첫 번째 단계는 차별적인 쌍이 존재함을 발견하는 단계(Discovery of Differentiated Dyads)이며, 두 번째 단계는 리더-구성원간 관계와 조직적 성과의 특성을 조사하는 단계(Focus on the Relationship and its Outcomes)로 본다. 세 번째 단계는 수직쌍의 관계를 구축하는 것을 묘사하는 단계(Description of Dyadic Partnership Building)로 마지막 단계는 이렇게 구축된 수직쌍의 관계를 그룹이나 네트워크 수준까지 확장시키는 단계(Expansion of Dyadic Partnership to Group and Network Level)로 본다(Graen and Uhl-Bien, 1995).

특히, 세 번째 단계, 즉 리더십을 만드는 단계에서 그라엔과 유흘비언은(1995)은 리더와 구성원간의 관계는 [표2-5]와 같이 이방인 단계에서 면식단계로 그리고 성숙단계로 발전함을 주장하였다.

[표2-5] 리더-구성원간 관계 발전단계

	시간		
	이방인 단계 →	면식단계 →	성숙단계
역할	역할 찾기	역할 만들기	역할 수행
영향력	일방적	혼합적	상호적
교환의 질	낮음	중간	높음

출처 : Graen and Uhl-Bien(1995)을 바탕으로 재구성

이방인 단계에서는 리더와 구성원은 규정된 역할만 수행하면 되고 주로 자기 자신을 먼저 생각하는 경향을 보인다. 하지만 보다 발전된 단계인 면식단계에서는 리더와 구성원간에 보다 친숙한 관계가 형성되고 영향력도 어느 한쪽의 일방적인 측면이 아닌 혼합적인 형태로 나타나며 관심대상도 자기 자신뿐만 아니라 리더나 구성원 상대방까지도 주의를

기울이게 된다. 면식단계에서는 리더나 구성원 모두 새로운 역할실험을 통해 신뢰형성의 기반을 마련한다. 세 번째 단계는 성숙단계로 리더와 구성원은 상호신뢰와 존중 등을 형성하며 자기 자신보다는 집단에 더 관심을 갖는 특성을 보이며 성숙한 파트너로서의 역할과 의무를 수행하게 된다는 것이다. 결국, LMX 이론에서 살펴본 중요한 측면은 리더와 구성원 사이의 관계의 질을 중요한 요소로 고려하여 이러한 관계의 질이 어떠한 결과를 가져올지에 주로 관심을 갖는 것이다.

이러한 LMX 이론을 사례를 통해 살펴보도록 하자.

〈사례9〉

스타워즈 이야기

아마 SF 영화의 효시를 떠올리라고 한다면 대다수의 독자들은 조지 루카스 감독의 스타워즈(Star Wars)를 떠올릴 것이다. 1977년부터 2005년에 이르기까지 약 30여년에 걸쳐 제작, 상영된 스타워즈의 감동과 볼거리는 아직까지도 많은 이들의 기억 속에 고스란히 남아있을 것이다.

1977년에《스타워즈 에피소드 4 - 새로운 희망》을 처음 선보인 조지 루카스 감독은 할리우드 액션영화의 주류를 서부극에서 SF로 바꾸어 놓았다. 루카스와 함께 이 영화를 기획 · 제작한 G.카츠는 우주시대를 맞이한 상황과 더불어 SF의 세계에는 예전의 서부극에 나오는 인디오처럼 영화 속에서 아무리 죽여도 비판받지 않는 이상적 악역인 우주인이 있다고 말하였다. 스타워즈는《조스》의 흥행기록을 깨고《ET》(1982)가 나올 때까지 역대 흥행성적 제1위를 차지할 만큼 성공을 거두었다. 로봇 C-3PO와 R2-D2 콤비, 요다 등의 캐릭터와 광선

검이 어린이들에게 인기를 얻자 상품화하여 영화의 히트에 버금가는 수익을 올렸다. 한국에서는 1978년에 최초로 개봉되었다. 이후 1980년《스타워즈 에피소드 5 - 제국의 역습》과 1983년《스타워즈 에피소드 6 - 제다이의 귀환》이 개봉되면서 일명 스타워즈 3부작으로 대표되는 시리즈가 탄생하였다. 에피소드 5와 6은 조지 루카스 감독이 감독을 맡지 않고, 각각 어빈 커쉬너(Irvin Kershner)와 리차드 마콴드(Richard Marquand)가 감독을 했다. 에피소드 5에서 주인공 루크 스카이워커가 변절한 제다이의 기사 다스 베이더와 싸우는 장면에서 나오는 대사, "I'm your father(내가 너의 아버지다)."는 극적인 반전과 충격을 안겨주는 명대사로 손꼽힌다. 애초부터 6부작을 염두하고 만들었으며 루크 스카이워커의 이야기가 주를 이루는 에피소드 4~6이 먼저 공개되어 수많은 매니아들의 추측이 나돌기도 하였다. 1999년에 루카스감독이 다시 메가폰을 잡고 만든 《스타워즈 에피소드 1 - 보이지 않는 위험》이 공개되었고, 2002년《스타워즈 에피소드 2 - 클론의 습격》이 개봉되었다. 에피소드 1~3은 루크 스카이워커의 아버지인 아나킨 스카이워커(다스 베이더)를 중심으로 이야기가 전개된다. 2005년 5월 19일 마지막 시리즈인《스타워즈 에피소드 3 - 시스의 복수》가 미국에서 개봉되면서 28년에 걸친 스타워즈 시리즈의 대미를 장식하였다.[28)]

"스타워즈가 리더십과 무슨 연관이 있는 것인가?" 라고 반문하는 독자도 있을 것이다. 하지만 스타워즈와 리더십을 연결하여 생각하는 것이 다소 엉뚱하긴 하지만, 적어도 리더십의 LMX 이론을 스타워즈의 등장인물들 간의 관계로 설명하는 것은 상당히 흥미로운 일이 될 수 있을 것이다.

28) 두산백과사전

우선 LMX 이론을 스타워즈의 등장인물에 맞추어 설명하기 위해, 해당 주인공들 간의 관계를 간략하게 살펴본다.

스타워즈 전체의 줄거리는 생략하기로 하고, LMX 이론을 설명하기 위해, 마스터요다(Master Yoda)와 오비완 케노비, 아나킨 스카이워커(다스베이더) 등 3명의 등장인물들을 살펴보자. 먼저 모든 제다이(Jedi)[29]들의 스승인 마스터 요다가 등장한다. 마스터 요다는 900년이 넘게 살아오면서 수많은 제다이들을 육성하였으나, 제국이 들어서고 제다이들이 몰살을 당하면서 은둔생활을 하게 된다. 아나킨 스카이워커의 아들인 루크 스카이워커를 마지막 제다이로 키워내고 생을 마감하는 캐릭터이다. 요다는 권력이나 물질에 관심이 없이 오직 우주의 평화와 제다이들의 육성에만 관심을 갖는 완벽한 선(善)의 인물로 묘사된다.

[그림 2-12] 마스터요다(Master Yoda)

출처 : 스타워즈(http://www.starwars.com) 홈페이지

29) 제다이(Jedi)는 스타워즈에 나온 평화를 지키는 가상의 조직이다. 그들은 포스를 다룰 수 있는 능력을 십분 활용하여 영화의 줄거리를 이끌어 나간다. 스타 워즈 영화와 2차적 창작물에 매우 많이 등장하며, 주요한 인물로는 아나킨 스카이워커, 루크 스카이워커, 오비완 케노비, 콰이곤 진 등이 있다. 조지 루카스가 제다이란 말을 만들 때 시대극을 뜻하는 일본어 '지다이게키' 에서 따 왔다는 설이 있다. 하지만 에드거 라이스 버로우의 바숨 북스에 나오는 전사 계급의 명칭 '제드' 에서 따 왔다는 설이 지배적이다(위키 백과사전).

다음은 오비완 케노비(Obiwan Kenobi)를 살펴보자. 은하계 최고의 제다이라는 수식어가 붙을 만큼 많은 공을 세우며, 제다이로서 본분에 충실한 삶을 살았다. 오비완은 스타워즈의 주인공으로 볼 수 있는 아나킨 스카이워커의 스승이었다. 오비완은 그의 스승 제다이인 콰이곤 진(Qui-Gon Jinn)의 유언에 따라 아나킨을 제자로 받아들이고 제다이로 키우지만, 결국 아나킨에게 배신을 당하고, 그와 결투를 벌이는 상황도 연출되게 된다.

[그림 2-13] 오비완 케노비(Obiwan Kenobi)

출처 : 스타워즈(http://www.starwars.com) 홈페이지

스타워즈의 주인공인 아나킨 스카이워커(Anakin Skywalker)는 스타워즈 캐릭터 중 가장 비극적인 삶을 살아간다. 오비완의 스승 콰이곤 진의 포스(Force)에 의해 포스의 균형을 되찾아줄 예언의 인물로 선택되

게 되면서 아나킨의 비극적 삶이 시작된다. 제다이가 되기 위해 홀어머니를 자바헛 행성에 남겨두고 제다이의 삶을 살아가지만, 자신의 비범한 능력에 대한 자만심으로 스승 오비완 케노비와의 갈등의 골이 깊어지게 된다. 결국 어머니의 죽음, 그리고 제다이로서 금기시 되어졌던 사랑에 대한 집착으로 결국 아나킨은 스승을 배반하고 악의 황제 다스 시디어스(Darth Sidious)의 수하로 들어가게 되며, 아나킨이라는 이름을 버리고 다스베이더(Darth Vader)[30]라는 악의 이름을 갖게 된다.

[그림 2-14] 스타워즈 포스터속의 다스베이더

출처 : http://www.smh.com.au

30) 다스 베이더는 영화사에 남을 악역의 전형이 되었으며, 미국영화 악역 50인중 3위에 랭크됐다. 《스타워즈 에피소드 IV : 새로운 희망》과 《스타워즈 에피소드 V: 제국의 역습》에서 다스 베이더는 전형적인 악의 화신으로 묘사되었다. 다스 베이더는 은하제국의 독재통치를 유지하기 위한 교활하고 잔혹한 집행자였으며, 루크 스카이워커의 아버지 아나킨의 살인범으로 지목되었다. 시스의 군주인 팔파틴 황제의 오른팔로서 포스의 어두운 면을 사용해 무자비하게 제다이와 반란 연합군을 추적한다(위키 백과사전).

마스터 요다와 오비완, 아나킨 세 명의 등장인물은 위에서 살펴본대로 모두 제다이이다. 마스터 요다는 모든 제다이들의 스승이기 때문에 오비완의 스승이자, 아나킨에게도 스승이 되며, 오비완은 아나킨의 스승이 되는 관계를 갖는다.

앞서 살펴본바와 같이 LMX 이론에서는 리더와 구성원간의 관계의 질이 중요한 고려 대상이 된다. 아나킨이 제다이로서 발굴되어지는데 있어서는 오비완의 역할이 결정적이었다. 비록, 오비완은 그의 스승인 콰이곤 진의 유언에 따라 아나킨을 제다이로 키우려 했지만, 제다이 원탁회의의 반대에도 불구하고 오비완은 아나킨을 제다이로 키워내게 된다. 이점에서 볼 때 초기의 오비완과 아나킨의 관계는 그리 나쁘지 않았음을 짐작해 볼 수 있다. 하지만, 아나킨은 자신의 비범한 능력으로부터 발생된 자만심과 거만함으로 가득차게 되고, 성장기 소년으로서 스승에 대한 반항심을 키워간다. 어머니의 죽음과 파드메와의 사랑에 대한 집착으로 인해 결국 악의 길을 걷게 된다. 하지만 이러한 일련의 과정에서 오비완은 제자인 아나킨을 잘 돌보지 못하였고, 오히려 아나킨에게 반항심을 불러일으켜 악의 상징인 다스베이더로 다시 태어나는 것의 한 요인을 제공하게 된다. 이러한 측면에서 볼때 후기의 오비완과 아나킨의 관계는 그리 좋지 않았을 것으로 판단할 수 있다. [표2-5]의 리더-구성원간 관계 발전단계로 설명해보자면, 자바헛 행성에서 오비완과 아나킨이 첫 대면을 갖은 이후를 이방인 단계의 시작으로 볼 수 있으며, 아나킨이 제다이로 성장해가며 오비완에게 수련을 받기까지의 과정을 면식단계로 볼 수 있다. 하지만, 결론적으로 오비완과 아나킨은 성숙단계로까지 발전하지 못하였고, 서로에게 광선검을 휘둘러야 하는 상황까지 발생하게 된다.

또, 마스터 요다와 오비완, 아나킨 세 사람의 관계도 짚고 넘어가야 한다. 앞서 살펴본 대로 요다는 오비완과 아나킨 모두에게 스승이 된다. 전통적인 리더십 이론들은 리더와 구성원간의 관계에 있어 리더는 구성원들을 하나의 집단으로 묶어 동일하게 대한다는 평균적인 리더십 스타일(Average Leadership Style)을 보인다고 가정한 반면, VDL이론에서는 리더와 구성원간에 각기 다른 형태의 쌍이 존재함을 가정한다고 보았다. 즉, 리더는 구성원들을 하나의 집단으로 여기고 동일하게 대하는 것이 아니라 구성원 한사람 한사람과 각기 다른 특성을 지닌 관계를 맺는다는 것이다. 특히, VDL 이론에서 내집단과 외집단으로 구분하여 나타나는 특성들도 앞서 살펴보았다. 즉, VDL이론에 기초하여 이들 세 인물들을 살펴보면 마스터 요다는 오비완과 아나킨 두명의 제다이에 대하여 각기 다른 관계쌍을 형성하고 있다. 비록 오비완이 아나킨을 제다이로 수련시키지만, 아나킨의 제다이 입문에 제다이 원탁회의의 반대가 있었던 것으로 미루어 볼때, 마스터 요다는 아나킨에게 그다지 호의적이지는 않았던 것 같다. 즉, 아나킨으로 인해 발생될 불행을 미리 감지했다고나 할까? 이러한 추측을 바탕으로 해본다면, 마스터요다와 오비완은 내집단에 속해있는 반면, 마스터 요다와 아나킨은 외집단에 속해있는 것으로 파악할 수 있을 것이다. 만약, '아나킨이 이러한 리더십의 이론들을 공부했던 적이 있었다면, 오비완에 대한 분노감에 더하여 마스터 요다에 대한 원망감이 더해져 더 빨리 다스베이더(Darth Vader)로 변하지는 않았까?' 라는 상상도 가능하지 않을까?

5장 리더십을 변형 이론으로 보는 관점

5장에서는 리더십의 다양한 관점들을 주로 살펴본다. 특히 최근 주목을 받고 있는 변혁적 리더십를 거래적 리더십과 비교하여 살펴보고, 여성리더십, 슈퍼리더십, 서번트리더십, 이슈리더십 등에 대해서 살펴본다.

1. 거래적 리더십과 변혁적 리더십

거래적 리더십의 특성은 리더가 원하는 결과를 구성원들에게 명확히 알려주고, 그 결과의 달성여부에 따라 받게 될 보상 역시도 명확하게 알려주는 것이다. 즉, 거래적 리더십은 리더와 구성원간 목표달성과 보상이라는 교환관계의 형성으로 설명될 수 있다. 사실 리더십 이론의 많은 부분들에서 이러한 거래적 리더십의 특성을 찾아볼 수 있다. 특히 성과를 달성해야 하는 기업들에서는 이러한 리더십이 효과적일 수 있다. 요사이 교육환경이 변화되면서 학습의 효과를 위해 학생과 교사 사이의 거래적 관계 즉, 교사가 요구하는 행동을 했을 때 교사가 학생에게 보상을 주는 관계가 일어나고 있다. 리더가 구성원들의 과업요건을 명확히 하여 정해진 목표를 달성하기 위해, 보상을 통한 구성원들의 동기부여를 강조하는 거래적 리더십은 현대 사회의 모든 조직에서 쉽게 통용될 수 있는 리더십 특성으로 나타나고 있다. 거래적 리더십은 구성원의 개인적 이익에 호소하고 상호교환의 합리성을 전제로 해야 한다. 도덕적인 측면에서 보면 구성원들과의 거래를 기본으로 한다는 가정이 바람직하지는 않지만 거래에 따른 구성원들의 동기부여를 극대화 한다는 데에는 리더십의 원리가 정확히 반영되는 개념으로 볼 수 있다. 그러나 거래에 참가하는(리더를 포함해서) 모든 사람들이 거래적 관계에서 이익에 만족해야 한다는 측면으로 볼 때 거래적 리더십이 쉽게 달성되기 어렵다는 것도 인정해야 할 것이다. 바스(Bass, 1985)의 연구에 따르면 거래적 리더십은 상황적 보상(Contingent Rewards)과 예외에 의한 관리(Management by Exception)라는 두 가지 요소를 포함한다고 설명한다. 상황적 보상이란 리더와 구성원간 교환관계 이론에 근거하여 구성원들의 성과와 연계된 보상을 해야 한다는 의미이며, 예외에 의한 관리는 구성원들의 실수나 일탈을 방지하기 위해 해야 하는 기준이나 표준 같은 준거 틀을 마련하여 이에 벗어나지 않게 감시하거나, 이를 통해 의도하지 않은 행동을 막아줄 수 있다는 것을 의미한다.

반면 변혁적 리더십은 번스(Burns, 1978)에 의해 처음으로 제시되었으며 바스(Bass, 1985)에 의해 발전하게 되었다. 위에서 살펴본 거래적 리더십이 구성원들의 성과에 대한 보상을 제공하는 교환적 거래에 초점을 두고 있는 반면, 변혁적 리더십은 리더가 구성원들과 함께 서로에게 동기유발이나 윤리의식을 높이는 연결 관계를 창조해나가는 과정으로 볼 수 있다. 즉 변혁적 리더십은 구성원들이 자기 자신의 이익보다는 집단의 이익을 우선시 여기고, 자기개발과 성장에도 중요한 영향을 미칠 수 있으며, 구성원들이 스스로 변화하여 목표달성을 위한 성과의 중요성과 가치에 대한 인식수준을 높일 수 있는 리더십을 말한다. 바스에 따르면 변혁적 리더십의 요소를 세가지로 구분하였다. 카리스마(Charisma), 개별적 배려(Individualized Consideration), 지적 자극

(Intellectual Stimulation) 등으로 이 요소들을 통해 리더의 구체적인 행위들이 결정된다고 하였다. 세 가지 요인을 통하여 리더는 구성원들을 통제하지 않으며 리더가 가지고 있는 신념이나 가치관에 대한 일체감을 유도하여 구성원들의 자발적인 변화를 유도할 수 있다.

우리들은 거래적 리더십과 변혁적 리더십을 산타클로스와 슈퍼맨의 이야기를 통해 살펴볼 것이다.

〈사례10〉

거래적 리더십 : 산타클로스 이야기

크리스마스의 상징으로 우리가 잘 알고 있는 산타클로스는 니콜라우스(270년 ~ 343년 12월 6일)라는 성인으로써, 3세기~4세기 동로마 제국에서 활동하였던 그리스도교의 성직자이다. 음역에 따라서는 니콜라오 또는 니콜라스, 니콜라라고도 한다. 성인으로 시성되었으며, 축일은 12월 6일이다. 상징물은 황금이 든 세 개의 자루이며, 어린이, 죄수, 선원 등의 수호성인이며, 서울에는 그의 이름을 딴 정교회 성 니콜라스 대성당이 세워지기도 했다. 니콜라우스는 270년 소아시아 리키아의 파타라에서 태어났다. 매우 유복한 집안 출신이었던 그는 부모를 일찍 여의고 자신에게 막대한 유산이 돌아오자 그것을 모두 가난한 사람들을 위한 자선활동에 사용하였다. 그 후 그리스도교를 믿어 신부가 되었고 얼마 지나지 않아 미라(오늘날의 터키 지방)의 주교로 임명되었다. 당시 미라의 주교가 죽고 그 후계자로 마땅한 신부가 없자 다른 지방의 주교들이 모여서 열심히 기도를 했다고 한다. 그러자 하늘에서 "내일 아침 제일 먼저 성당에 들어오는 자를 주교로 삼아라" 는 목소리가 들려왔다. 때마침 니콜라오는 그 날 미라에 찾아왔으며, 다음날 아침 일찍 일어나 제일 먼저 성당에 들어와 참배하였고, 그로 인하여 주교가 되었다고 한다. 303년 로마 황제 디오클레티아누스의 그리스도교 박해 때 투옥되어 심한 고문을 받았으나, 나중에 콘스탄티누스 1세에 의해 무사히 석방되어 그리스도인들의 쇄신과 선교 활동에 전력을 기울였으며, 제1차 니케아 공의회에도 참가하여 예수 그리스도의 신성을 부인하는 아리우스파 성직자를 때렸다가 투옥되었다. 옥중에 있던 그에게 한밤중에 예수 그리스도와 성모 마리아가 나타났는데, 예수는 그에게 성서를 건네주었고 마리아는 그에게 오모포리온(성직자들이 착용하는 장식띠)을 어깨 위에 둘러주었다고 한다. 다음날 아침에 경비병이 보니 니콜라우스가 감옥 안에서 오모포리온을 두른 채 성서를 읽고 있었다. 사람들은 이것이 기적이라며 모두들 니콜라우스에게 달려가 그 앞에 무릎을 꿇고 용서를 구했다고 전해진다.

니콜라우스가 산타클로스의 이미지로 변신하게 된 계기는 아마도 어려운 사람들을 도왔던 그의 성품 때문이었을 것이다. 니콜라우스는 자선 사업을 끊임없이 확대시켜 그의 교구는 늘 자금이 넉넉하지 못하여 성직자들이 끼니를 거를 때가 많았다고 한다. 그의 행적 가운데 가난한 집안의 세 딸에게 지참금을 준 일화는 매우 유명하다. 세 딸을 둔 한 아버지가 있었는데, 너무 가난해 딸들을 시집보낼 수 없게 되자 사창가로 팔아버릴 결심을 했다. 우연히 이 소식을 들은 니콜라우스는 그 가난한 딸들을 돕고자 했으나, 겸손한 성격이었던 그인지라 대놓고 낮에는 못하고 밤중에 남 몰래 창문으로 딸들이 출가하기에 넉넉할 만큼 황금이 들어있는 자루 세 개를 던져 놓고 돌아갔다. 그 덕분에 세 딸은 사창

가로 팔려갈 위기를 모면하여, 정당하게 결혼할 수 있었다는 것이다. 이 전설은 수세기를 거치면서 니콜라우스의 축일에 아무도 모르게 선물을 주는 관습으로 발전하였다. 이 외에도 사형 직전에 몰린 무죄한 죄수들을 구출하고, 난파선의 승객들을 구출하는 등 그와 관련된 전설은 아름다운 이야기로 전해지고 있다. 341년 니콜라우스가 죽자 그의 명성은 곧 전 유럽에 널리 알려졌으며, 1087년에는 그의 유해를 바리로 이전하여 성당을 세웠다. 그 후 그 성당에서 각종 기적들이 일어났다고 한다.[31)]

오늘날의 산타클로스의 모습은 코카콜라사의 상품 브랜드 전략으로 나타나게 되었으며 종교와 무관한 사람들도 크리스마스 때만 되면 선물을 기대하고 즐거운 시간을 기대하는 것은 자본의 힘에 의한 순기능 중 하나라고 말할 수도 있다. 그러나 어린이들을 대상으로 하는 지나친 상업주의의 폐해는 오히려 산타클로스가 가지고 있는 숭고한 의미를 저해하는 요소임에는 틀림없을 것이다.

그렇다면 과연 산타클로스의 어떤 점이 거래적 리더십의 특성을 설명할 수 있는 요인일까? 산타클로스의 전설과 함께 유명세를 타고 있는 루돌프 사슴이 가장 선두에 서 있다는 것은 아이들의 상상력을 자극하기에 충분한 스토리 라인을 갖추고 있다. 크리스마스가 가지고 있는 본연의 숭고한 의미와는 무관하게 많은 사람들이 크리스마스를 즐기고 있으며 특별히 어린 아이들의 마음속에는 산타클로스가 위치하고 있다는 사실을 부인하기는 힘들 것이다.

31) 출처: wiki백과, www. wikipedia.org

[그림 2-15] 산타클로스

출처 : http://www.infoplease.com

리더십의 관점에서 산타클로스는 전 세계 어린이들의 겨울철 리더가 된다. 반대로 산타클로스에게 전 세계 어린이들은 그의 구성원이 되는 상황이 된 것이다. 아이들이 산타클로스의 선물을 받는 메커니즘은 비교적 간단하다. 착한 일을 하고 울지 않는다면 크리스마스에 산타클로스에게서 원하는 선물을 받게 되는 것이다.

크리스마스가 대략 1~2달 정도 남았다면 아이들은 크리스마스 선물을 받기 위해 착한 일을 하기 시작한다. 산타클로스가 직접 주는 선물을 받는다는 것은 결코 쉬운 일이 아니다. 때문에 대부분의 경우 부모가 산타클로스의 역할을 대신하게 된다. 그러나 아이들은 자신들의 행위에 대한 보상으로 선물을 받게 된다는 것을 정확히 인식하고 있다. 사실 산타클로스라는 가상의 인물은 이러한 교환관계에 있어 하나의 심볼(Symbol)에 지나지 않는다. 산타클로스를 대신한 부모들은 아이들이 어떠한 선물을 원하는지 알고 있다. 또한 아이들이 말을 듣지 않고 나쁜 일을 하게 되면 크리스마스가 임박했음을 주기적으로 알려주게 된다. 즉, 아이들에게서 기대한 성과를 올린만큼 보상을 받을 수 있다는 확신을 주는 것이다. 그리고 부모의 입장에서 혹은 산타클로스의 입장에서는 일방적이고 획일적인 보상을 아이들에게 하는 것이 아니라 아이들이 원하는 것이 무엇인지를 정확히 파악한 다음 이를 충족시키는 보상을 제공함으로써 아이들의 입장에서 가치와 중요성이 높은 선물을 제공하는 것이다. 여기에서 중요한 것은 일방적으로 부모가 원하는 선물을 하는 것이 아니라아이들이 어떤 것을 원하고 있는가를 정확히 파악하고 있어야 한다는 점이다. 이와 같은 관점에서 볼 때, 거래적 리더십은 리더 구성원간 교환관계 이론(LMX, Leader-Member Exchange)이나 경로-목표 이론(Path-Goal Theory)와 밀접하게 연관되어 있다고 볼 수도 있다. 이와 같이 부모들은 산타클로스의 거래적 리더십을 적절히 사용하여 자신들의 목적(아이들의 올바른 행동)을 달성하는 것이 가능하다.

앞서 살펴본 대로, 거래적 리더십은 상황적 보상(Contingent Rewards)과 예외에 의한 관리(Management by Exception)라는 두 가지 요소를 포함한다. 상황적 보상이란 리더와 구성원간 교환관계 이론에 근거하여 아이들의 성과(착한 일을 하는 횟수)와 연계된 보상을 해야 한다는 의미이며, 예외에 의한 관리는 아이들의 실수나 일탈을 방지하기 위해 해야 하는 기준이나 표준 같은 준거 틀을 마련하여 이에 벗어나지 않게 감시하거나, 이를 통해 의도하지 않은 행동을 막아줄 수 있다는 것을 의미한다. 물론 이와 같은 두 가지의 요인들이 나름대로 의미가 있지만 예외에 의한 관리에 초점이 맞춰져 있다면 아이들의 도전정신 함양에는 다소 문제가 있을 수도 있다. '이렇게 하면 선물을 못 받을 수도 있다' 라는 생각은 오히려 아이들의 창의성을 저해 할 수도 있으며,

보다 높은 수준에서 성취되어야 할 목표에 대한 동기부여에는 부정적일 수도 있다. 따라서 이와 같은 산타클로스의 리더십은 아이들이 비교적 어리고 도덕적 기준이 명확하지 않은 시기에 적절 할 수도 있을 것이다. 그러나 장기적이고 비교적 높은 수준의 목표로 구성원들을 이끌기 위한 이론으로 주목받는 것은 변혁적 리더십으로 볼 수 있다. 다음에서는 수퍼맨의 리더십을 통해 변혁적 리더십에 대해 살펴보고 거래적 리더십과 변혁적 리더십을 포괄적으로 정리하도록 하겠다.

〈사례11〉

변혁적 리더십 : 슈퍼맨 이야기

수퍼맨은 미국의 만화 캐릭터로 출발한 수퍼영웅의 이야기이다. 수퍼맨은 1938년에 미국인 제리 시겔(Jerry Siegel)과 캐나다 출생의 조 슈스터(Joe Shuster)에 의해 그 모습을 처음으로 들어냈으며 이후 영화와 만화, TV 시리즈 및 게임 등으로 전 세계 많은 어린이들에게 사랑을 받는 존재가 되었다. 사실 수퍼맨 시리즈의 스토리는 매우 간단하다. 크립톤 행성의 칼엘이라는 곳에서 태어난 수퍼맨은 행성이 파괴될 위험에 처하자 과학자인 아버지에 의해 지구로 보내졌으며 캔자스(Kansas)지방의 농부 부부에 의해 발견되어 클라크 켄트(Clark Kent)라는 이름으로 소년시절을 보내게 된다. 이 후 자신의 초인적인 힘을 알게 된 클라크는 자신의 정체를 숨기고 신문사의 기자로 활동하게 된다. 기자로 활동하면서 클라크는 악의 집단으로부터 지구를 지키기 위해 싸우게 되고, 사랑을 위해 자신의 초인적인 힘을 일정기간 포기하기도 한다. 그러나 결국 자신의 힘을 되찾아 악당들을 무찌르고 지구를 거꾸로 돌려 사랑하는 사람을 구해내기도 한다.

수퍼맨 역으로 출현한 크리스토퍼 리브의 사고와 장애를 극복해내는 과정은 수퍼맨의 모습과 오버랩되어 많은 미국인들에 감동을 주기도 했다. 수퍼맨 시리즈는 많은 속편을 만들어 내며 지금까지 이어져 오고 있으며 특히 어린이들에게 초인적인 영웅에 대한 동경을 이끌어 내, 권선징악의 사상을 깊이 주입시키는데 큰 공헌을 했다고 볼 수 있다. 물론 람보나 수퍼맨이 미국의 상징으로 각인되어, 전 세계를 지켜내는 미국의 모습과 함께 미국 중심의 세계관을 형성하려 한다는 비판도 있다. 그럼에도 불구하고 수퍼영웅의 이야기는 문화적 차이를 넘어 많은 사람들이 즐겨보는 하나의 장르가 되어 버렸다. 수퍼영웅의 모습은 고대에서부터 끊임없이 사용되어온 이야기 꺼리이다. 성경에 나오는 삼손, 그리스 신화의 헤라클레스는 지금까지도 그 이야기가 즐겨 읽히고 있으며 실제로 시겔과 슈스터가 수퍼맨 스토리를 만들어 낼 때, 삼손과 헤라클레스 이야기에 영향을 받았다고 한다. 또한 이들이 모두 유대인이었던 까닭에 수퍼맨이 외계의 행성으로부터 지구에 도착했던 장면은 성경속에 모세의 이야기와 맥을 같이 한다.

수퍼맨 이야기는 미국의 대 공황의 영향을 많이 받고 만들어진 것으로 알려져 있다. 수퍼맨을 만들어낸 두 사람은 당시 루즈벨트의 뉴딜정책에 대한 반감을 가지고 있었으며 이들의 좌파적 성향이 타락한 기업인이나 정치인들에 대해 감히 도전할 수 있는 초인적인 캐릭터를 만들어 내었다고 한다. 후에 수퍼맨은 이념과 사상을 초월하여 지구를 지키는 영웅의 모습으로 변화하게 된다. 초기의 만화 속에 수퍼맨은 지금의 모습과는 조금 다른 성격으로 등장한다. 이때의 수퍼맨은 보다 거칠고 공격적인 성향이 강하게 그려졌다. 그러나 점차 수퍼맨의 캐릭터는 보다 완화된 모습을 가지게 되었으며 특히 이상적이고 도덕적인 모습이

[그림 2-16] 슈퍼맨

강조되게 되었다. 수퍼맨 스토리의 도덕적 코드는 이후에 많은 영웅들의 스토리에 영향을 주게 된다.

수퍼맨의 능력과 파워는 그야 말로 초인적이다. 일반적인 영웅들의 이야기가 그러하듯 수퍼맨은 총알보다 빠르고, 거대한 기차의 힘보다 더 강하다. 하늘을 날수도 있고 은하계를 마음대로 다닐 수 있다. 이와 같은 초인적 능력은 그러나 언제나 법과 규범을 준수 하며 도덕적인 관점에서 옳다고 판단되는 일에만 사용된다. 이와 같은 수퍼영웅의 행위는 어린이들의 도덕적 관념을 심어줄 수 있다는 점에서 일정부분 긍정적인 기능을 한다고 볼 수 있다. 그렇다면 수퍼맨의 이러한 특성이 어떻게 변혁적 리더십과 연결될 수 있다는 것인지 앞서 살펴본 변혁적 리더십의 세 가지 요소를 중심으로 살펴보기로 하자.

❖ 카리스마

변혁적 리더십과 카리스마적 리더십은 그 관계가 약간 모호한 면이 분명이 존재한다. 그러나 본서에서는 바스(Bass)의 의견을 따라 카리스마를 변혁적 리더십의 요인으로 파악할 것이다.

카리스마적 리더는 멤버들에게 명확한 비전을 제시하여 이에 대한 일체감을 형성하는 것이다. 리더가 제시하는 비전에 공감하기 위해서는 리더 자체에 대한 신뢰가 전제되어야 한다. 신뢰란 다른 개인 또는 집단이 약속한 것에 대해 본인이 믿어도 될 것이라는 일반화된 정의라고 할 수 있다. 구성원들이 조직의 리더를 신뢰하기 위해서는 리더의 카리스마가 필요하다는 논리이다. 카리스마적 리더는 리더의 초인적인 능력, 모범적인 행위 등으로 표현될 수 있으며, 이러한 리더의 행위로 인해 구성원들은 리더를 신뢰하고 리더의 비전에 공감할 수 있다. 그러나 비전은 매우 추상적이고 미래지향적이며 단기간 내에 달성하기 어려운 면이 존재한다. 따라서 구성원들이 리더의 비전과 동일 선상에 있기 위해서는 매우 많은 노력이 필요하다. 구성원들은 이와 같은 비전달성에 두려움을 느끼게 되지만 리더의 카리스마적인 행동이 이와 같은 두려움을 극복하게 해줄 수 있다. 수퍼맨은 많은 어린이들에게 평화로운 세상이라는, 거창하고 달성이 불가능할 것처럼 느껴지는 비전을 심어준다. 도덕적인 삶을 살아야 하고 악에 대응해서 두렵지만 물러서지 않는다. 수퍼맨 영화를 보는 어린이들은 자연스럽게 수퍼맨의 행위를 따라하며 자신과 수퍼맨을 동일 시 하기 시작한다. 수퍼맨의 행동은 매우 초자연적이다. 따라서 어린이들은 이러한 수퍼맨의 행위에 대해 막연한 동경심과 '나도 저렇게 되면 좋겠다' 라는 생각을 심어줄 수 있다. 수퍼맨은 정의사회 구현을 위해 개인의 욕구를 포기하는 모습을 보여주며 비전달성을 위해 개인의 사적인 이익추구를 과감하게 포기한다. 장기적 관점에서 비전을 설정해 주고 리더의 카리스마를 통해 비전추구에 몰입하도록 하는 이러한 형태의 리더십을 카리스마적 리더십으로 볼 수 있다.

❖ 개별적 배려

개별적 배려는 적절히 행해진 멤버의 행위를 인정해 주는 것을 의미한다. 또한 능력이 부족한 구성원에 대해 개별적으로 지도와 조언을 아끼지 않으며 권한위임을 통해 다양한 기회를 제공함으로써 구성원 개인의 발전을 도모하는 리더십을 의미한다. 개별적 배려라는 말은 기본적으로 리더가 구성원에 대해 개별적으로 의사소통을 한다는 의미다. 수퍼맨은 영화에서 강한 카리스마를 가지고 있으나 그와 접촉하는 모든 사람들에게 매우 친근한 모습으로 다가간다. 나무에 올라가 있는 할머니의 고양이를 내려주는 모습은 카리스마적인 모습을 가진 수퍼맨의 모습과는 다소 어울리지 않는다. 비록 수퍼맨은 초인적인 영웅이지만 각각의 시민들을 도와주는 일에는 물불을 가리지 않는다. 또한 아무리 사소한 일이라도 시민들이 곤란한 일에 처하면 옷을 갈아입는 수고를 마다하지 않고 이를 해결해 준다. 이러한 수퍼영웅의 행위에 구성원들이 감동하게 되고 수퍼영웅이 제시하는 비전에 공감하게 되는 것이다. 리더에 의한 개별적 배려는 구성원 개개인으로 하여금 자신이 리더와 특별한 교감을 가지고 있다는 생각을 하게 한다. 또한 리더와 특별한 관계에 있다는 생각은 리더에 대한 강한 신뢰감으로 다가올 수 있다. 구성원이 리더에 대해 심리적 결속력을 강하게 맺고 있다면 리더가 제시하는 비전에 적극적으로 동감할 수 있을 것이다. 이러한 심리적 결속력은 구성원 개인의 동기부여에 강한 영향을 줄 수 있다. 개인의 욕구충족 만족도에 내재적 측면이 강조되고 있는 현대 사회에서, 리더와의 강력한 심리적 유대관계는 강력한 내적 보상 수단이 될 수 있다. 더욱이 리더가 강력한 카리스마를 지닌 수퍼영웅이라면 구성원들의 심리적 만족도는 더욱 커질 가능성이 높다.

❖ 지적 자극

리더의 지적 자극은 구성원들의 문제해결 능력을 극대화 할 수 있도록 하기 위해 기존의 방식을 새로운 방식으로 변화 시키는 행위를 의미한다. 리더는 구성원들에게 새로운 시도에 도전할 것을 권하게 되며, 새로운 도전에 따른 실패 가능성을 인정하면서도 이에 대한 비난은 최소화 한다. 따라서 구성원들은 리더의 지적자극에 따라 자신감을 얻을 수 있고 더 나은 방식을 찾으려 노력하게 된다. 리더에 의한 지적 자극은 구성원들의 문제해결능력을 극대화 시켜주는데 의의가 있다. 리더에 의해 설정된 비전을 달성하기 위해서는 기존의 방식만으로는 한계가 있을 수 있기 때문에, 리더의 자극에 의한 구성원들의 사고의 재창조를 유도하는 것이다. 구성원들의 재창조를 유도하기 위해서는 먼저 리더 스스로의 재창조가 있어야 한다. 이를 통해 구성원들이 지적 자극을 받을 수 있기 때문이다. 수퍼맨은 외계인이기 때문에 신체적인 능력과 함께 지능적인 능력 또한 매우 발달해 있다. 따라서 문제해결능력을 다양화 시킬 필요는 없었을 것이다. 그러나 수퍼맨은 기존의 방식대로 문제를 풀어 나가지는 않았다. 사랑하는 사람이 죽었을 때 수퍼맨은 자신의 능력을 이용하여 지구를 반대로 돌려 그를 다시 살려내는 창의적인 문제해결 능력을 보여주고 있다. 또한 거대한 산불에 직면하여 호수를 입김으로 얼려 산불위로 운반함으로써 진화하는 모습은 개인의 능력을 바탕으로 하여 다양한 문제해결 능력을 보여준 사례로 볼 수 있다. 물론 이와 같은 스토리 라인은 영화의 시나리오를 작성한 작가의 창의적인 사고에 근거한다. 따라서 이와 같은 행위들이 구성원들에게 다른 방식의 문제해결능력을 제공할 것이라고 단적으로 말할 수는 없다. 하지만 분명한 것은 수퍼맨의 문제해결방식은 기존에 볼 수 없었던 새로운 방식이었다는 사실이다. 변혁적 리더십에 있어 지적 자극은 카리스마와 개별적 배려 없이는 오히려 구성원들에게 악영향을 미칠 수 있다. 왜냐하면 리더가 구성원들이 도저히 따라갈 수 없는 새로운 방식으로 유도하게 되면 구성원들은 실패에 대한 심리적 압박과 자신의 능력에 의문을 제기함으로써 오히려 스트레스가 증가 될 수 있기 때문이다. 따라서 변혁적 리더십의 구현은 카리스마, 개별적 배려, 지적 자극이 모두 적절한 조화를 이루고 있어야 한다.

우리는 산타클로스와 수퍼맨을 통하여 거래적 리더십과 변혁적 리더십의 개념을 살펴보았다. 물론 두 가지 사례를 통하여 리더십이론을 완전히 설명했다고 보기는 어렵다. 거래적 리더십과 변혁적 리더십은 분명 최근의 리더십 연구 분야에 있어 주목받고 있는 이론들이다. 거래적 리더십과 변혁적 리더십이 양 극단에 서 있다고 생각하는 학자들도 있는 반면, 변혁적 리더십은 거래적 리더십에 기초하여 그 영역을 확장시켰다고 보는 학자들도 존재한다. 앞서 언급한 바와 같이 리더십은 특정한 하나의 이론으로 설명하기는 어렵다. 다양한 관점이 혼합되어 있으며, 구성원 혹은 리더의 특성에 따라 어떠한 관점이 우세한가가 달라질 뿐이다. 현대조직에서는 규정화된 혹은 제도화된 리더십의 형태가 나타나기도 한다. 현장 교육에서의 리더는 현실을 직시하여 거래적 리더의 특성을 가진 변혁적 리더가 되어야 한다. 앞서 시대 변화에 따른 리더십의 특성에서 살펴본 바와 같이 현대사회에서 독단적인 리더는 더 이상 환영 받지 못한다. 특히 변화와 혁신이 시대의 핵심이 되어버린 지금의 상황에서, 리더는 구성원들의 자발적인 노력에 근거한 변혁을 주도해야 할 것이다. 리더가 가지고 있는 비전이나 철학에 따른 새로운 방식으로의 접근이 구성원들에게 일상화, 습관화 되어야 하며 이를 위해서는 수단적 방식으로 거래적 리더십의 기술이 필요할 수도 있을 것이다. 특히 주목할 것은 변혁적 리더십은 개인의 심리적 상태가 근간이 된다는 점이다. 개인의 심리상태는 일방적인 계약이나 강요에 의해서는 달성되기 어렵다. 구성원들의 심리상태를 정확히 파악하는 것, 즉 현실을 정확히 인식하는 것이 리더들의 가장 중요한 출발점이 될 것이다. 현실을 정확하게 인식하지 못하면 효과적인 리더십이 발휘되기는 어렵다.

2. 여성리더십

지금까지 여러 사례들을 통해서 살려본 많은 리더십이론들은 특별히 남녀의 성별을 구분하지는 않았다. 하지만 인류 역사의 전개과정에서 보면 여성들이 남성들과 동등하게 사회적 활동을 해오지 못했던 다양한 사례들을 발견할 수 있다. 굳이 외국의 사례를 열거하지 않고 우리나라의 경우만 살펴보더라도 여성의 사회적 활동이 활발해지기 시작한지는 얼마 되지 않았다. 저자들이 궁극적으로 본 서에서 지적하고 싶은 내용이 되겠지만, 특성론자들의 주장과는 반대로, 리더십은 타고난 리더에게만 있는 특별한 능력이 아니다. 이러한 능력은 특히, 남녀라는 성별과 무관하게 누구에게나 내재된 인간의 보편적 능력으로 볼 수 있다. 리더십을 영향력의 측면으로 살펴보더라도, 인간 스스로에게 내재되어 있는 잠재능력을 개발하고 자신에게 부족한 부분을 보완하는 과정을 통해서도 리더십은 발휘될 수 있다. 스스로의 생각과 행동을 변화시켜, 새로운 모습으로 태어날 수 있다는 것이다. 하지만 불행하게도 인류의 역사는 이러한 한 개인의 능력을 성별에 구분 없이 발휘할 기회를 제공해 주지 못하였다.

여성리더십은 리더십의 이론으로서 명확한 이론적 근거를 아직 확립하고 있지는 않지만 적어도 다음과 같은 측면에서 기존의 리더십 이론들과는 차이점을 갖는다. 첫째, 여성에 대한 사회적 편견이 존재한다는 것이다. 여성리더십을 연구하는 학자들은 이러한 사회적 편견의 하나로서 유리천장(Glass Ceiling)을 제시한다. 유리천장[32]이란 여성들의 고위직 진출을 가로 막는 회사 내 보이지 않는 장벽을 뜻하는 말로, 여성 직장인들의 승진의 최상한선, 승진을 막는 보이지 않는 장벽을 말한다(강혜련, 2005). 최근 들어 여성들의 사회적 진출이 활발해지고는 있지만 아직까지도 우리 나라에서 여성들이 사회활동에서 차지하는 비율은 남성에 비해 저조한 상황이다. 한국여성정책연구원이 2006년 우리나라 10대 기업의 여성 임직원 비율은 2% 정도에 불과하다는 보고를 한 것도 이와 같은 맥락에서 설명될 수 있을 것이다.

둘째, 여성리더 스스로도 자신의 역할에 한 지각상의 혼란을 유발할 수 있는 구조적 한계가 존재한다는 것이다. 이글리(Eagly)와 카라우(Karau, 2002)의 역할불일치 이론(Role Incongruity Theory)에 의하

32) 이 용어는 미국의 유력 경제주간지인 〈월스트리트 저널〉이 지난 1970년에 만들어낸 신조어이다. 그리고 이때를 전후해 미국 정부는 유리천장 위원회(Glass Ceiling Commission)을 결성해 여성 차별을 해소하고 여성들의 사회 진출을 제도적으로 독려하였다(네이버 백과사전)

면, 여성 리더들에 대한 편견의 특성은 여성의 성역할 특성과 리더의 특성에 대한 지각이 서로 상충한다는 데에 기반한다고 한다. 즉, 사람들은 여성 리더들에 대해 여성으로서의 공동체적인(Communal) 특성과 리더로서의 주도성(Agentic)이라는 서로 상충하는 특성을 함께 기대하므로, 여성들에 대한 리더로서의 가능성이나 잠재력 평가, 그리고 실제 리더 지위에 있는 여성들에 대한 평가가 부정적으로 된다는 것이다(김혜숙, 윤소연, 2008: p458).[33] 이러한 현상은 우리 사회가 여성들에게 사회생활보다도 가정에서의 역할을 더 기본적인 것으로 인식하고 있기 때문에 발생되는 것으로 이해할 수 있을 것이다.

일부의 학자는 여성의 리더십이 남성의 리더십에 비해 직관적으로 문제를 해결할 수 있는 능력이 있음을 주장한다. 직관적 사고는 조직의 창의력을 높여주고 직관적 문제해결 방식은 효율적인 인적자원을 관리할 수 있게 해주며, 적은 자료와 정보를 통해서 복잡한 문제를 효율적으로 해결할 수 있다는 것이다. 이는 우뇌가 담당하는 공간지각능력, 정서적 감정처리, 추상적 정보 등과 같이 언어화할 수 있는 감정적 반응 등이 남성에 비해 더 발달되어 있기 때문으로 보고 있다(강혜련, 2005; pp.119-121).

여성 리더십을 대장금의 사례를 통해 살펴보도록 하자.

33) 김혜숙, 윤소연. 2008. 한국심리학회 연차학술발표대회 논문집. p.458.

〈사례12〉

대장금 이야기

사극 대장금(大長今)은 조선 중종 때의 의녀의 이야기를 각색한 드라마이다. 대장금의 출생연도, 성씨와 본관, 출생 배경이나 활동 내용에 대해서 역사적인 기록은 없다. 다만 《조선왕조실록》에 중종(中宗, 1506-1544)의 총애를 받은 천민 출신의 의녀(醫女)로 기록되어 있어 뛰어난 의녀였음을 짐작할 수 있을 뿐이다. 전하는 바에 따르면 중종의 어의녀, 곧 중종의 주치의 역할을 했다고 하는데, 이는 기록에 등장하는 많은 의녀 가운데 유일한 것이다. 특히 천민 신분의 의녀로서 수많은 남자 의관(醫官)을 제치고 왕의 주치의가 되었다는 것은 당시 남성 위주의 엄격한 관료주의제 아래서는 불가능한 일이다. '큰' 또는 '위대한'을 뜻하는 '대(大)'를 써서 대장금으로 불렸다고 하는데, 의술뿐 아니라 요리에도 뛰어났다고 전해진다.[34] 본 사례에서는 역사적 사실 여부를 떠나 대장금 이야기를 통해 여성리더십을 살펴보고자 한다.

대장금을 사극의 관점에서 볼 때 당시의 조선은 남존여비의 봉건적 체제를 갖는 사회였기 때문에 천민 신분의 궁녀가 최고의 요리사가 되고, 또한 많은 남자 의관들을 제치고 중종의 주치의가 되기는 거의 불가능에 가까운 일이었음을 오늘날의 대부분의 사람들도 짐작할 수 있을 것이다. 엄격한 신분제도하에서 불가능에 가까운 성공을 여성으로서 일구어낸 대장금의 사례는 리더십의 측면으로서 살펴보는 것도 의미 있는 일일 것이다.

34) 네이버 백과사전

장금이[35]는 연산군 4년 무호사화를 겪으면서 궁에서 쫓겨나 신분을 숨기고 백정의 신분으로서 살아가는 의금부 군관 아버지와 수랏간 나인 어머니 사이에서 태어났다.[36] 이후 중종3년(1508년) 생각시로 입궁한 이후 궁중내의 갖은 음모와 시련을 이겨내며 개인적인 성장을 이루어낸다.

일반적으로 여성리더들이 조직내에서 승진하는데 있어 조직적 장벽(Organizational Barriers)이 존재하는 것으로 알려져있다(Northouse, 2004). 이러한 조직적 장벽에는 여성들이 동등한 교육과 능력을 가진 남성들과 비교해 불리한 입장에 있게 하는 조직여건들이 포함된다. 대장금이 의녀로 활동하였을 당시의 궁내 분위기도 이러한 조직적 장벽이 존재하였을 것이다. 대다수의 남성 의관들이 어찌 천민출신이며, 생각시로 입궁한 대장금이 중종의 주치의가 되기까지의 과정에서 얼마나 많은 방해와 질시를 보였을지는 굳이 말하지 않아도 누구나 쉽게 짐작할 수 있을 것이다. 하지만 대장금이 이러한 시련과 역경을 헤치고 당당히 중종의 주치의가 된 것에서 알 수 있듯이, 그녀는 당시 사회의 널리 퍼져있는 여성에 대한 사회적 편견을 스스로의 능력으로 떨쳐버렸던 것이다.

여성 리더십이 갖는 또 다른 하나의 측면은 여성 스스로 자신의 역할에 한 지각상 혼란을 유발할 수 있는 구조적 한계가 존재한다는 것이었다. 당시의 조선사회는 엄격한 신분적 구속이 존재하였고, 특히 여성에게 주어진 역할은 매우 제한적이있던 것을 상기해본다면, 장금이 스

35) 장금(長今)이라는 이름은 조선왕조실록 가운데 중종실록에 여섯 번 가량 등장하며, 장금이라는 의녀가 있었고, 왕의 신임을 받았다는 정도로 기록되어 있다. 그 밖에는 장금의 본명이나 출신 등의 자세한 기록이 전해져 있지 않으며 드라마에 등장하는 장금이라는 인물에 관한 내용은 대부분 작가의 상상력으로 만들어진 이야기이다(위키 백과사전).

36) 본 사례가 따르는 대장금의 이야기는 2003년 방송되었던 사극의 줄거리와 뮤지컬 대장금의 줄거리를 토대로 하였다.

스로에게 자신의 사회적 역할에 대한 혼란이 존재하였을 수도 있었다. 하지만 장금이의 이러한 성장을 가능하게 하였던 결정적 이유중의 하나로 중종의 인재등용 철학을 생각해볼 필요가 있다. 연산의 폐위로 왕위에 오른 중종은 그를 왕위에 올린 정국공신 오겸호의 눈엣가시인 민정호의 소개로 조광조를 등용하게 된다. 조광조는 신분에는 상관없이 능력에 의해 사람을 쓰자는 주장을 하였고, 중종은 그의 주장을 따르게 된다. 이러한 상황은 대장금이 자신의 능력을 개발하고, 성장의 노력을 계속할 수 있는 토대가 된 것으로 볼 수 있다.

3. 슈퍼리더십

최근 새로운 리더십이론으로 슈퍼리더십(Superleadership Theory)이 주목을 받고 있다. 쉽게 말해 슈퍼리더십은 다른 사람을 리더로 만드는 것을 리더의 역할로 보는 것이다. 맨즈와 심스(Manz and Sims, 1989)는 '스스로를 리드하는 사람'을 셀프리더(Self Leader)라고 규정한다. 즉, 슈퍼리더는 구성원들을 셀프리더로 육성하는 리더인 것이다(백기복, 2008).

[그림 2-17] 슈퍼리더십 모델

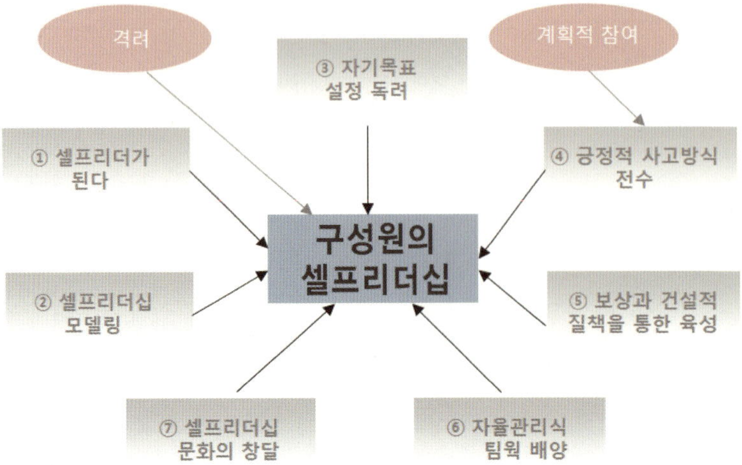

출처: Manz & Sims(1991). 백기복(2007)에서 재인용

맨즈와 심스(1989)가 제시한 슈퍼리더십 모델을 백기복(2007, pp.474-476)은 다음과 같이 설명하고 있다([그림 2-17] 참고). 우선 슈퍼리더가 되는 1단계는 스스로 셀프리더가 되는 것이다. 다른 사람을 이끌기 위해서는 자기 자신을 이끌 수 있어야 하며, 스스로 나아갈 방향을 정하고 자기스스로에게 동기를 부여하는 셀프리더가 되어야 한다는 것이다.

슈퍼리더에 이르는 두 번째 단계는 셀프리더십을 모델링하는 것이다. 즉, 자신이 셀프리더가 되었으면 그 셀프리더십을 다른 사람들에게도 보여줌으로써 모델로 삼도록 하는 것이다. 다음 단계는 구성원들이 스스로 도전적인 목표를 설정하도록 독려하는 단계이며, 4번째 단계에서 슈퍼리더는 구성원들에게 긍정적인 사고방식을 전수해주어야 한다. 슈퍼리더는 일상적 생활이나 대화에서 구성원들이 뛰어난 역량을 보유하고 있음을 지속적으로 일깨워주고, 계획적인 참여를 통해 구성원들의 긍정적인 사고방식을 전수해야 한다는 것이다. 5번째 단계는 보상과 질책의 단계로 볼 수 있다. 슈퍼리더는 외적인 보상보다는 내적 보상의 중요성을 구성원들에게 일깨워주어야 하며, 질책을 할 경우에는 주의를 기울여 개인의 자존심과 자신감을 손상시키지 않도록 주의해야 한다. 6번째 단계는 팀웍을 통해서 셀프리더십을 배양하는 단계로 볼 수 있다. 이 단계에서 구성원들 각자는 스스로 셀프리더가 되도록 함으로써 팀 자체가 자율관리팀의 성격을 띄게 하여, 더 이상 팀장(슈퍼리더)에게 의존하지 않고 스스로 행동할 수 있게 만드는 단계이다. 마지막으로 7번째 단계는 셀프리더십 문화를 창달하는 단계로 최고경영자의 지원하에 팀웍과 조직문화가 올바르게 정착될 때까지 셀프리더십의 가치를 정착시키게 되는 것이다. 이러한 전 과정에서 슈퍼리더는 구성원들을 격려하고 안내해줘야 한다는 것이다.

이러한 슈퍼리더십을 어떠한 사례로 설명할 수 있을까? 본 서에서 전하고 싶은 메시지 중 가장 큰 것은 누구나 리더가 될 수 있다는 것이었다. 누구나 리더가 될 수 있다면, 그러한 리더로 성장하는데 도움을 줄 수 있는 공통의 인물은 바로 우리들의 어버이일 것이다.

'어버이'. 그 어떤 수식어구로도 이 말이 지니고 있는 위대함을 잘 표현할 수 는 없을 것이다. 물론 어버이의 무한한 사랑 안에는 인내, 격려, 믿음 등 수많은 내용이 포함되어 있다. 본 절에서는 이러한 우리 어버이들의 사랑을 리더십의 측면에서 살펴보려는 시도를 할 것이다. 어버이는 자식의 양육과 인격형성을 위한 교육의 전 과정에 지속적인 참여자로서의 역할도 수행하고 있으며, 자식들 스스로가 당당한 사회구성원으로 일어서기까지 무한한 사랑과 격려, 지원뿐 아니라 때로는 따끔한 충고와 질책의 말도 아끼지 않으시는 존재이다. 이러한 우리 어버이들의 모습에서 진정한 슈퍼리더십의 특성을 찾아보는 것도 의미있는 일이라 할 수 있다.

역사에 이름을 남긴 수 많은 위인들의 뒤에는 항상 위대한 어버이가 있었다. 십만양병설을 주장하며 국가를 위해 헌신한 율곡 이이를 있게 한 신사임당, 학교 생활에 적응하지 못해 힘들어하는 아들을 믿고 격려하여 세계적인 과학자로 만든 아인슈타인의 부모님과 발명왕 에디슨의 어머니 등등 위대한 위인의 뒤에는 언제나 위대한 어버이가 있었다.

얼마전 이토히로부미를 암살하였던 독립운동가 안중근 의사의 어머니 조마리아 여사에 관한 언론의 보도가 있었다.

〈사례13〉

어버이의 슈퍼리더십 : 안중근의사의 어머니 조마리아 여사

"네가 만일 늙은 어미보다 먼저 죽는 것을 불효라 생각한다면 이 어미는 조소거리가 된다. 너의 죽음은 너 한 사람의 것이 아니라 한국인 전체의 공분(公憤)을 짊어지고 있는 것이다."

안중근 의사가 만주 하얼빈역에서 이토 히로부미(伊藤博文) 통감을 사살한 뒤 뤼순 형무소에 수감돼 있을 때 안 의사의 어머니 조마리아 여사가 보낸 편지의 일부이다. 조 여사는 1910년 2월14일 공판에서 사형을 선고받은 안 의사에게 "살려고 몸부림하는 인상을 남기지 말고 의연히 목숨을 버리라"고 당부했다.[37)]

사실 어느 부모가 자식의 죽음을 담담히 받아들이겠는가? 하지만 조마리아 여사는 아들이 독립운동을 위해 망명을 결심했을 때 "최후까

37) 국민일보 인터넷판 2007.3.16. 지호일기자의 안중근 만든건 어머니 리더십…"너의 죽음은 한국인 전체의 공분을 짊어지는것" 중

지 남자스럽게 싸우라"고 격려했으며, 2년 뒤 안 의사가 이토 통감을 사살하고 수감됐을 때는 안 의사 동생들을 보내 "어미는 현세에서 너와 재회하기를 기망치 아니하노니… 내세에는 반드시 선량한 천부의 아들이 되어 다시 세상에 나오라"고 전했다고 한다. 또 사형이 선고된 뒤 편지와 함께 명주 수의를 보냈고, 안 의사는 1910년 3월26일 그 수의를 입은 채 형집행을 당했다고 한다.[38)]

조마리아 여사의 애국심과 독립에 대한 굳은 의지가 안중근 의사의 성장과정에 지대한 영향을 미쳤음은 굳이 이야기 하지 않아도 쉽게 살펴볼 수 있다.

[그림 2-18] 황성신문 1909년 12월 28일자 신문[39)]

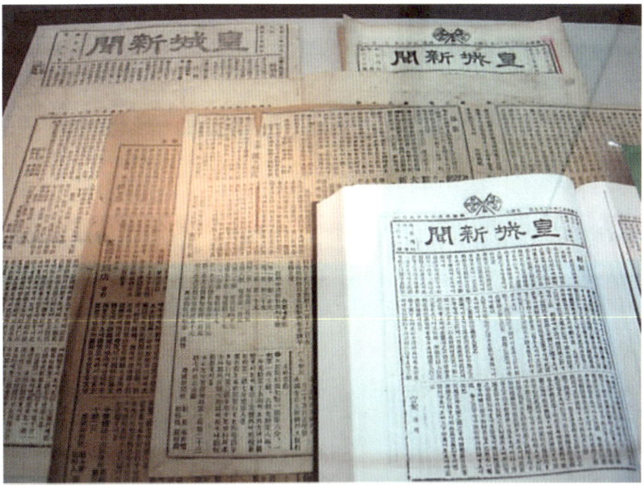

출처 : 국민일보

38) 국민일보 인터넷판 2007.3.16. 지호일기자의 안중근 만든건 어머니 리더십…"너의 죽음은 한국인 전체의 공분을 짊어지는것" 중

39) 황성신문 1909년 12월 28일자 3면 기사에는 조마리아 여사가 뤼순형무소에 수감된 안중근 의사에게 안의사 동생들을 보내 "다시 만나는걸 기대하지 않으니 선량한 천부(여호와)의 아들로 다시 세상에 나오라"는 뜻을 전달한 내용이 실려 있다(국민일보, 2007년 3월 16일자).

이 외에도 우리 주변에는 훌륭한 어버이들의 모습을 쉽사리 찾아볼 수 있다. 몇해 전 전 국민의 가슴을 따뜻하게 했던 '말아톤' 이라는 영화의 실제 인물인 배형진군과 '수영 말아톤' 으로 불리며 세계 지적장애인 수영대회 금메달리스트 김진호군의 뒤에도 너무나 헌신적인 어머니가 있었다.

사실 저자들은 '말아톤' 배형진군의 어머니와 '수영 말아톤' 김진호군의 어머니를 개인적으로 알지 못한다. 하지만 영화나 언론 보도를 통해 배형진군과 김진호군이 이루어낸 인간승리의 스토리와 어머니의 헌신적 이야기는 잘 알고 있다.

배형진군은 네 살무렵 자폐판정을 받게 된다. 하지만 형진군의 어머니는 아들을 결코 포기하지 않았다. 운동화끈도 제대로 매지 못하는 형진군에게 달리기를 가르치고, 두뇌에 자극을 줄 수 있을지도 모른다는 생각에 맨발로 등산을 시키기도 하였다고 한다. '독하다' 는 소리까지 들어가며 형진군을 혹독히 키웠던 이유는 단 한 가지 엄마 없이는 아무것도 할 수 없는 형진군이 홀로서기를 할 수 있게 하기 위해서였다고 한다. 좌절은 끝이 없고 그때마다 눈물이 마를새가 없었지만 형진군의 어머니는 포기하지 않고 아들의 손을 잡아 일으켰다고 한다.

형진군은 달리기를 시작하면서 눈에 띄게 좋아지기 시작하였다고 한다. 집안에서의 일상생활도 스스로의 힘으로 해결하기 시작했고, 사람들을 만나도 눈길을 피하지 않았다. 2급 정신지체자 였지만 2001년 춘천 국제 마라톤대회에 참가해 42.195km을 2시간 57분 7초에 주파하는 서브스리[40]를 달성하였을 뿐 아니라 이듬해에는 철인3종 경기까지 치뤘다.[41]

40) 마라톤 풀코스를 3시간 이내에 완주하는 것을 '서브스리' 라 한다.
41) 우먼센스 2005년 2월호. 박인숙기자의 영화 '말아톤' 의 실제 주인공 박미경 · 배형진 모자 감동스토리 중.

'수영 말아톤' 김진호군은 2005년 국내 한 방송사의 예능 프로그램에 출연하면서 사람들의 관심을 받게 되었다. 진호군 역시 자폐판정을 받았다. 하지만 수영에 매진하는 진호군의 순수한 모습은 많은 사람들의 관심을 받았다. 특히 2005년 세계 지적장애인 수영대회에서 세계신기록을 수립하며 금메달을 목에걸어 숱한 화제를 남기기도 하였고, 2008년 대회에서도 금메달과 은메달을 목에 걸었다.

배형진군은 달리기를 시작하기 전에는 스스로 일상생활을 영위하기가 쉽지 않았을 것이다. 하지만 형진군이 스스로의 삶을 살아갈 수 있도록 형진군의 어머니는 형진군을 교육시켰고, 형진군의 어머니는 형진군이 보고 배울 수 있도록 스스로 역할 모델로서의 모범을 보였다. 또 끊임없이 형진군에게 목표를 설정해주고 그 목표를 달성할 수 있도록 독려도 하였을 것이다. 행여나 형진군이 상처를 받지 않을까 긍정적인 사고를 갖을 수 있는 교육도 게을리 하지 않았을 것이다. 또 때로는 형진군이 잘못된 행동을 보였을 경우 그 누구보다도 따끔한 충고를 서슴치 않았을 것이다. 물론 진호군의 어머니 역시 이와 같은 방식으로 진호군을 교육시켰을 것이다.

우리들의 어버이야 말로 우리가 우리 사회의 일원으로서, 또 한사람의 셀프리더로서 성장할 수 있도록, 우리를 이끌어주시는 진정한 의미의 슈퍼리더가 아닐까?

슈퍼리더로서 어버이가 계시기에 우리는 셀프리더로 성장할 수 있는 것이다. 내 안의 잠재된 능력을 개발하고, 내 자신에게 부족한 부분을 채워나가며, 내 스스로의 생각과 행동을 변화시켜 새로운 모습으로 다시 태어날 수 있다면, 우리는 우리 스스로를 리더라 부를 수 있을 것이다.

4. 서번트리더십

서번트 리더십은 그린리프(Greenleaf, 1970)에 의해 제시된 개념으로 조직구성원들의 목적달성을 위해 리더가 필요한 지원을 제공하고 구성원들은 자발적으로 리더를 섬기고자 하는 마음이 우러나올 때 비로소 리더는 본연의 역할을 수행할 수 있다고 보는 관점이다(이인석 외, 2007). 그린리프는 서번트 리더십을 "타인에 대한 봉사에 초점을 맞추며, 그들의 욕구를 만족시키기 위해 헌신하는 리더십"이라고 정의한 데에서 알 수 있듯이, 서번트 리더십은 구성원들을 존중하고 그들의 성장을 도울 수 있는 기회를 제공하며, 이를 통해 조직을 하나의 진정한 공동체로 발전할 수 있도록 이끌어가는 행위로 이해할 수 있다.

그린리프(1977)는 리더십은 본성적으로 남을 섬기려는 사람에게 부여되는 것이라고 보며 실제로 한 개인이 리더가 되는 방법은 우선 봉사자가 되는 것이라고 주장한다. 섬기는 리더는 구성원들의 욕구에 관심을 기울이고 그들이 보다 지적이고 자유로우며 독립적으로 구성원들 자신이 남을 섬기는 사람이 될 수 있도록 도와주어야 한다고 주장한다(Northouse, 2007).

최근 많은 관심과 연구가 진행되고 있는 변혁적 리더십은 구성원의 도덕적 발달과 윤리 의식이 아닌 성과에 관심을 두고 있으며, 카리스마적 특성에 구성원들의 개인적인 발전을 고려하지만 구성원들의 지적 자극이나 개인적 고려가 조직을 위한 것이지, 구성원 개개인을 섬기기 위한 방법은 아니라는 점에서 서번트 리더십과는 차이가 존재한다(Graham, 1991; 백경숙 · 윤지영, 2006).

그린리프는 섬기는 리더의 특징으로 다음과 같은 10가지 요소를 제시하였다. 경청(Listening), 공감(Empathy), 치유(Healing), 자각(Awareness), 설득(Persuasion), 개념화(Conceptualization), 예지(Foresight), 스튜어드십(Stewardship), 성장지원(Commitment to the Growth of People), 공동체 형성(Building Community)이 바로 그것이다.

즉, 타인을 섬기는 리더는 남의 말을 잘 듣고(경청), 남에게 동정심을 갖으며(공감), 남을 치유하고(치유), 깨닫고(자각), 설득하며(설득), 개념화하는 능력(개념화)과 미리 예지(예지)할 수 있는 능력을 보유하고 있으며, 청지기로의 삶을 살며(스튜어드십), 다른 사람을 성장시키는데 몰두하며(성장지원), 공동체를 형성(공동체 형성)하려는 특징을 지닌다는 것이다.

서번트 리더십, 즉 섬김의 리더십은 리더가 진정으로 타인을 섬기고 싶어 하는 마음에서부터 시작된다. 어떤 목적이나 결과를 얻기 위해서가 아니라 봉사와 섬김의 정신을 토대로 구성원들을 대하며, 구성원들의 아래에 위치하기를 꺼리지 않는 것이 바로 진정한 섬김의 리더십인 것이며, 이러한 리더십을 보유한 섬김의 리더는 스스로 타인을 섬기려 하는 자인 것이다.

〈사례14〉

무하마드 유누스의 서번트 리더십

무하마드 유누스는 방글라데시 출신의 빈곤퇴치 운동가이다. 그는 빈민층에게 담보 없이 자금을 빌려주어 자활을 돕는 이른바 '마이크로 크레디트' 운동을 창시한 장본인이자, 그라민은행을 설립해 가난한 이들에게 자립을 길을 열어준 주인공이다. 그의 빈곤 타파 모델은 전 세계에 확산되었으며, 그 공로로 2006년 노벨평화상과 서울평화상을 수상하기도 하였다.

무하마드 유누스는 방글라데시에서 '빈자의 대부'로 통한다. 그는 '무담보 소액대출 제도'를 고안하여 가진것 없는 빈민들의 자활에 앞장서 왔다. 1970년대 초, 장래가 총망되는 젊은 교수였던 유누스는 1974년 방글라데시 대홍수로 인해 기근에 빠져 있는 사람들을 보고 그들을 돕기로 결심한다. 가난한 이들에게 담보도 없이 신용 하나만으로 소액의 돈을 빌려주는 소액 대출(건당 150달러 미만)을 통해 방글라데시 인구의 5%에 이르는 6백여만명의 운명을 바꾼 그라민은행은 이렇게 탄생되었다. '극빈자들의 동반자'를 목표로 설립된 그라민은행은 기존 은행의 손길에서 벗어나 있던 방글라데시 빈민들에게 큰 힘이 되었다. 특히 사회적으로 소외된 여성들이 그라민은행의 주요 고객이며(전체 고객의

약 97%가 여성), 여성들은 그라민은행의 대출을 통해 스스로 여권신장을 이끌어 낼 수 있었다. 유누스의 철학과 그라민은행의 무담보 소액대출제도는 전 세계로 확산되고 있으며, 37개국 9200여만명이 이 제도의 혜택을 받고 있는 것으로 알려져 있다. 이러한 공로로 그는 2006년 노벨평화상과 서울평화상을 수상하게 된다.

[그림 2-19] 서울평화상 수상소감을 말하는 무하마드 유누스

출처 : 뉴시스(www.newsis.com)

앞서 우리는 섬김의 리더가 지니는 특성 10가지를 살펴보았다. 이 가운데 무하마드 유누스에게서 볼 수 있는 주된 특성은 동정심, 치유,

설득, 성장, 공동체 형성 등을 들 수 있을 것이다.

유누스가 그라민은행을 설립하고 전 세계의 빈곤과 가난을 퇴치하고자 마음먹은 계기는 바로 방글라데시에서 기아에 고생하고 있는 수많은 사람들에 대한 동정심에서부터 출발하였다. 또한 가난한 사람들의 동정심으로 시작된 그의 활동은 목표를 이루어나가는 과정에서 많은 사람들을 설득해 나갔다. 그라민 은행을 설립하기 전, 가난한 여성들에 대한 융자를 실험해 보던 시기에 많은 저항에 부딪히게 된다. 남성들이나 종교지도자들, 고리대금업자들은 여성에게 주는 융자가 지역 사회 내의 권위를 허물어뜨린다며 반대하였고, 제도권 은행들 역시 여성들에게 담보 없이 자금을 빌려주다가는 원금 상환도 어려울 것이라고 비난하였다. 하지만 유누스는 이러한 반대 입장들에 대해서 자신의 신념에 대한 자신감과 성공에 대한 확신을 가지고 활동을 지속해 나갔으며, 성공적인 결과를 보임으로써 그들의 비판을 잠재울 수 있었다.

섬김의 리더십을 보여주는 유누스의 또 다른 특징은 공동체를 형성하는 모습에서 찾을 수 있다. 유누스는 융자를 해 줄 때 반드시 그룹을 지어서 융자를 해 준다. 즉, 융자는 개인 명의로 해주되 책임은 그룹의 공동 명의로 되어 있는 것이다. 책임이 그룹의 명의로 설정함으로써, 빈곤한 개인이 혼자서 상환계획을 세우기보다는 다른 사람들의 도움도 받고, 상호부조의 문화를 형성하게 해 줄뿐만 아니라 그룹원들 사이의 관계를 돈독하게 해 주며, 그룹원들 모두의 문제해결 능력을 키우는데 도움이 될 수 있었다.

유누스는 다른 사람의 성장에 몰두하였을 뿐만 아니라 그들이 빈곤에서 치유될 수 있는 기회를 제공해 주었다. 이는 섬김의 리더가 갖는 또 다른 중요한 특징으로 파악될 수 있다. 여성들이 경제적 사회적으로 핍박 받고 있는 상황에서 여성들의 경제적 성장에 디딤돌이 되어 주었으며, 가난의 굴레에서 벗어날 수 있도록 빈곤을 치유할 수 있는 발판을 제공해 주었다는 점에서 무하마드 유누스는 섬김의 리더십을 지닌 리더로 평가받을 수 있을 것이다.

또한 섬김의 리더하면 빼놓을 수 없는 인물이 바로 테레사 수녀일 것이다.

〈사례15〉

테레사 수녀의 서번트 리더십

테레사 수녀는 '마더 테레사'로 불리며 인도 등지에서 평생을 가난한 사람들을 위해 봉사하며 여생을 보냈다. 그녀는 1950년 '사랑의 선교수녀회'를 설립하여 빈민이나 고아, 나병환자 등을 구원하는데 헌신적이었다. 1963년에는 '사랑의 선교수사회'를 설립하였으며, 이 조직은 1965년 교황청으로부터 정식 승인을 받아 교황의 직속 조직이 되었다. 1979년에는 노벨 평화상을 수상하기도 아였으며, 1981년에는 한국을 방문하기도 하였다.

자신을 '하나님의 뜻에 따라 쓰이는 몽당연필'에 비유하며 평생을 가난한 사람들과 도움이 필요한 사람들을 위해 헌신했던 마더 테레사 수녀의 이야기는 많은 사람들의 가슴속에 깊은 감동의 메아리로 남아있다. 인류의 어머니로서 그녀가 세계의 많은 사람들에게 보여준 수많은 섬김의 행동은 우리들에게 많은 가르침을 전해준다.

[그림 2-20] 테레사 수녀

가난한 사람들의 어머니로서, 또 살아있는 성인으로서 그녀는 빈민을 사랑하고 섬겼으며, 인류의 평화를 위해 노력하고 또 봉사하였다. '내가 한 일은 겨우 바다의 물 한 방울과 같을 뿐'이라고 스스로 자신을 낮추는 그녀는 진정한 섬김의 리더였다. 가난한 사람들에게 동정심을 느끼고 그들을 치유하고자 하였으며, 가난한 사람들을 위해 학교를 설립하기도 하였고, 나병환자를 위한 진료소, 버려진 아이들을 위한 시설 등을 통해 그녀의 사랑을 전했다.

누구의 강요나 강압에 의해서가 아니라, 또 어떤 명예와 목적을 위해서가 아니라, 자발적으로 타인을 섬기고, 스스로 모범을 보임으로써, 다른 사람들에게 큰 감동을 전해준 테레사 수녀는 섬김의 리더십을 몸소 실천한 성인으로 평가받고 있다.

5. 이슈리더십

2000년 이후에 새롭게 주목을 받고 있는 이론으로 이슈리더십을 들 수 있다 백기복교수는 21세기의 새로운 리더십 패러다임으로서 이슈리더십을 제시하였다. 그는 전통적 리더십이론들이 기초로 했던 상 · 하간의 참여 문제나 인간관계, 또는 카리스마 등의 과제들은 오늘날 지식중심의 조직사회에서는 그 효용성이 떨어질 수 밖에 없음을 지적하고, 지식 중심 시대의 리더십 모델을 설정하기 위해 100여 편에 달하는 성공적 경영자의 사례를 분석하였다. 그 결과 성공하는 리더들은 한계를 뛰어넘는 아이디어 또는 이슈를 중심으로 행동하며, 창안된 이슈를 실천할 수 있는 효율적 시스템을 만들어 내는 것, 이슈와 관련된 주변사람(오디언스)들의 몰입을 확보하는 것을 이슈 리더십의 중요한 요소로 제시한다. 즉, 이슈리더십은 폭넓은 지식과 정보를 바탕으로 이슈를 창안

하고 오디언스의 몰입을 확보해 성과를 내는 과정으로 볼 수 있다(백기복, 2000; pp.64-66)

백기복 교수에 따르면, 이슈리더는 '창의적 이슈'를 통해 성과를 창출해내는 사람을 말한다. 또한, 이슈리더십은 직급이나 나이에 관계없이 보다 창의적이고 핵심적인 이슈를 창안해 내는 사람이 리더가 될 수 있다는 점, 리더는 이슈에 따라 바뀔 수 있다는 점, 이슈리더십은 계층에 관계없이 적용될 수 있다는 점 등을 기존의 리더십 이론들과는 다른 특징으로 들고 있다.

[그림 2-21] 리더-오디언스의 관계

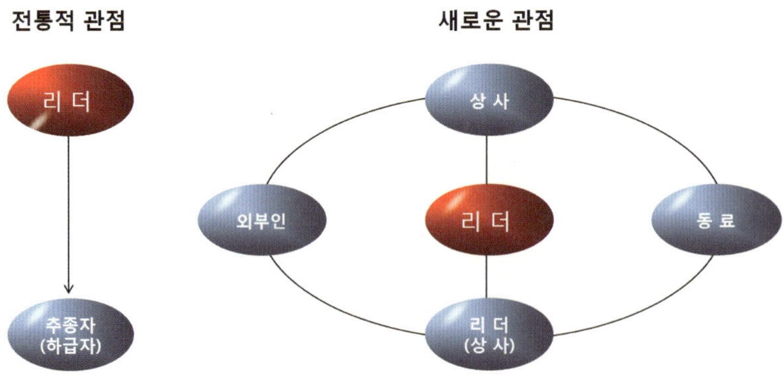

출처: 백기복. 2000. 이슈 리더십: 성공하는 리더들의 성공공식. Sogang Harvard Business.

또한, 이슈 리더십은 3P 모델로 설명될 수 있는데, 여기서 3P는 **이슈풀**(Issue Pull), **시스템파워**(System Power), **오디언스 푸시**(Audience Push)를 말한다. 이슈풀은 이슈의 창안행위를 뜻하며, 시스템 파워는 이슈의 효율적 실천행위를, 오디언스 푸시는 관련자들의 참여유도행위를 뜻한다(백기복, 2008).

[그림 2-22] 이슈 리더십: 3P 모델

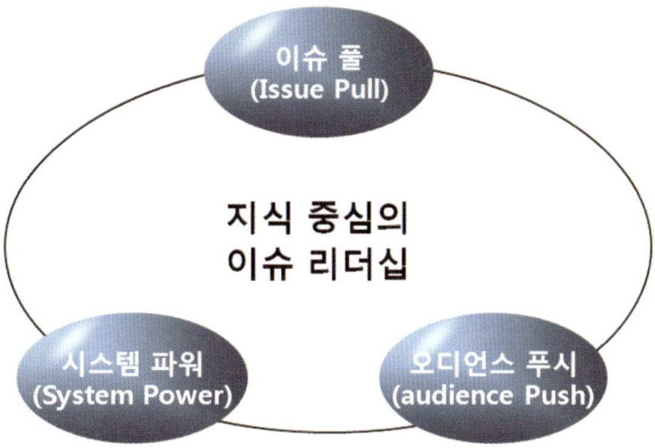

출처: 백기복. 2000. 이슈 리더십: 성공하는 리더들의 성공공식.Sogang Harvard Business.

이슈풀을 위해서 리더는 스스로 새롭고 독특한 이슈를 창출해내기 위해 탐구활동을 강화해야 하며, 주변사람들의 이슈활동을 독려할 뿐만 아니라 관련된 지식과 정보의 네트워크를 확대하기 위해 노력해야 한다. 시스템 파워는 실천과 연관된 것으로, 선택된 이슈가 효율적으로 실천되기 위한 시스템의 구축의 필요성을 이야기 하는 것이다. 마지막으로 이슈에 대한 오디언스의 참여, 관심 및 몰입이 이슈의 성공적 실천에 중요한 요인으로 작용될 수 있기 때문에 이슈를 창안한 리더는 관련자들의 참여를 유도해야 하는 오디언스 푸시의 측면도 중요하게 고려해야 하는 것이다(백기복, 2000).

이슈리더십은 다른 이론들과는 달리 과정모델(Process Model)이라는 점이 특징적 이며, 리더가 어떤 과정을 거쳐 리더십 발휘가 가능해지는지를 설명할 수 있다. 또한 디지털시대에 맞도록 지식과 정보의 중요성을 강조하고 있다. 이슈 리더십에서 핵심적 이슈는 남과 다른 지식과 정보를 축적하고 이를 적절하게 활용함으로서 창출될 수 있는 것으로 본다(백기복, 2008).

〈사례16〉

세종대왕의 이슈 리더십

조선의 제4대 왕인 세종대왕(世宗, 재위: 1418~1450년)은 젊은 학자들을 등용하여 이상적 유교정치를 구현하였다. 세종은 1443년 한글을 창제하고 1446년 이를 반포하였으며, 1442년 서양보다 약 200여년 앞서 비의 양을 측정하는 측우기 뿐 아니라 해시계, 물시계 등 많은 과학기구들을 만드는 등 조선의 정치 · 경제 · 문화 등 다방면에 걸쳐 훌륭한 치적을 많이 쌓고, 조선 왕조의 기틀을 튼튼히 한 왕으로 평가받고 있다.

우리는 세종대왕을 위대한 역사적 리더로 평가하는데 주저하지 않는다. 그도 그럴것이 세종대왕은 오늘날 우리들이 사용하는 한글을 창제하여, 우리들이 우리의 말과 글을 사용할 수 있는 문화적 혜택을 누릴 수 있게 해주었을 뿐 아니라, 당시 조선의 정치경제 · 문화 등 다방면에 걸쳐 훌륭한 업적을 많이 남긴 왕이기 때문에 많은 국민들의 존경을 받고 있다. 세종대왕의 리더십에 대한 논의는 많은 사람들에 의해 진행되어져 왔다. 많은 사람들은 세종대왕의 탁월한 인재등용, 조직에 대한 헌신, 인간존중, 소통 등을 세종대왕의 리더십으로 분석하고 있다. 본 사례에서는 세종대왕의 리더십을 앞서 살펴본 이슈리더십의 측면에서 살펴보고자 한다.

[그림 2-23] 여의도 세종대왕 동상

출처: 두산백과사전

우리는 이슈리더십의 3P 모델로서 새롭고 독특한 이슈를 창출(이슈풀)과 선택된 이슈가 효율적으로 실천되기 위한 시스템의 구축(시스템파워) 그리고 관련자들의 참여를 유도(오디언스 푸시)해야 함을 살펴보았다. 세종대왕은 정치, 경제, 사회, 국방 등 다양한 분야에 걸쳐 많은 치적을 남겨왔기 때문에, 이 모든 업적을 살펴보는 것은 많은 시간과 노력이 필요할 것이다. 본 사례에서는 세종대왕의 한글창제를 하나의 이슈로 보고 세종대왕의 이슈리더십을 살펴보기로 한다.

"나랏말쓰미 듕귁에 달아..."로 시작되는 〈훈민정음〉 '해례본' 에서 나타나듯이 세종대왕은 그 당시 조선에서 사용된 한자는 중국의 글자로 백성들이 하고 싶은 말이 있어도 쉽사리 표현하지 못하는 것을 안타깝게 여겼고, 백성들을 가르치는 바른소리 라는 뜻을 지닌 '훈민정음' 을 창제하게 되었다. 즉, 나라의 말과 글이 달라서 많은 백성들이 불편함을 느끼고 있다는 점을 파악하고, 이를 '훈민정음' 창제라는 이슈를 창출해낸 것(이슈 풀)이다. 하지만 '훈민정음' 창제는 단순히 세종대왕 혼자서 실행할 수 있는 성질의 문제는 아니었다. 이는 음운학, 언어학, 음성학, 철학 등 많은 지식들이 집합된 결정체로서 많은 우수한 학자들이 집현전에 모여 연구한 결과물인 것이다. 이런 측면에서 본다면, 세종대왕은 정인지, 최항, 박팽년, 신숙주 등 유능한 학자들로 구성된 집현전(시스템 파워)을 이용하여, 한글창제라는 이슈가 효율적으로 수행될 수 있는 기반을 구축하였다.

특히, 최만리를 대표로 하는 집현전의 일부 신하들(신석조, 김문, 정찬손, 하위지 등)이 한자와 이질적인 소리글자를 만드는 것에 대해 반대하는 상소를 올린 것에 대해, 세종대왕은 한글창제가 백성들을 위한 중대한 나랏일임을 밝히고, 한글이 잘 창제될 수 있도록 많은 노력을 기울였다. 또한, 정인지, 최항 등 유능한 학자들로 하여금 한글이 효율적으로 창제될 수 있도록 몰입하게 함으로써 관련 오디언스들의 참여와 몰입을 유도(오디언스 풀)하였다. 세종대왕은 한글창제라는 새로운 이슈를 창출하고, 집현전이라는 시스템 파워를 사용하여 한글창제라는 이슈가 효과적으로 수행될 수 있는 시스템파워를 구축하였으며, 관련 오디언스들이 이슈에 참여하고 몰입할 수 있도록 유도하여 우리나라의 자랑스러운 문화유산인 한글을 창제한 것이다.

제 3 부 새로운 현실 : 리더십과 창의성

우리는 이 지구상에서 일어나는 수없이 많은 문제에 직면하면서 살아가고 있다. 지구온난화로 나타난 자연적 변화, 국가 간의 분쟁, 부의 양극화 등 혼자의 힘으로는 해결할 수 없는 문제들 앞에 놓여있다.

미래사회는 지금보다 훨씬 더 복잡하고 어려운 문제가 많아질 것이다. 신속한 정보교류, 전문지식의 급증, 국경을 초월한 조직의 확대, 개인생활의 불확실성 등 각 분야마다 각기 다른 문제들이 다양한 현실로 나타나게 된다. 따라서 리더십 이론에서 강조해오던 특성론, 행위론, 상황론이나 카리스마 등의 리더십관점으로는 이 복잡하고 새로워진 사회의 문제들을 명쾌하게 해결할 수가 없다. 혼자서는 기업문화도 창출해 낼 수가 없고 국가의 발전도 이룩할 수 없고, 지구의 온난화 문제도 해결할 수 없는 상황에 처해 있다.

그러므로 미래사회에서는 문제해결을 위해 리더십 형태도 달라져야 한다. 아담 카헤인(Adam Kahane)은 문제해결을 위해 '힘의 원리' 보다는 구성원들의 능력을 변화시켜 나가는 것이 중요하다는 것을 실천경험을 통해 주장하고 있다. 구성원들의 능력변화의 원동력은 자기 자신을 개방하는 열린 마음, 즉 타인의 이야기를 듣고 타인의 생각을 수용하고 실천하는 것이 중요하다는 것을 강조하고 있다. 즉 인간사회에서 일어나고 있는 복잡한 문제를 해결할 수 있는 열쇠는 다른 사람에게 마음을 열고 그들 속에 있는 잠재력과 가능성을 발견하고 상대방의 감정에 참여하는 **감정이입(empathy)**이라고 주장한다(Adam Kahane, 류가미 옮김, 2008). 이러한 논리는 창의성(Creativity)과 깊은 연관을 지을 수 있다. 한편 하워드 가드너(Howard Gardner)는 창의성 소재모형을 '개인(Individual)-일(Work)-타인(Other person)' 으로 제시한다. 이 모형에서 개인은 누구나 어떤 분야에서 두각을 나타낼 수 있는 소질을 가지고 태어나는데 창의성을 발휘하기 위해서는 이러한 소질을 교육과 훈련 등의 기회를 통해 일의 체험기회를 가져야 하며 이러한 체험의 과정에서 타인(가족, 친구, 후원자, 경쟁자 등)으로부터 지지를 받을 수 있는 인간관계가 형성되어야 함을 말한다. 예를 들어 미술계의 피카소나 음악계의 모차르트와 같은 사람들은 타고난 재능을 학교나 전문교육기관을 통해 심화시키고 단련시키는 동안 많은 경쟁자나 후원자 즉 타인을 통해서 창의성이 발휘될 수 있었다. 반면에 재능을 타고났어도 그 재능을 개발시키고 강화시킬 수 있는 기회를 갖지 못한다면 그 분야의 대가(大家)가 될 수 없다. 그러므로 한 개인 속에 잠재하고 있는 창의성의 본질은 지능적 요소와 기질적 요소의 특이한 조합으로 보고 개인의 구체적인 경험과 환경을 중시하고 있다(하워드 가드너, 임재서 옮김, 1993, pp7-8).

3부에서는 리더십은 누구에게나 자신의 특성과 소질을 발견하고 그것을 교육적 훈련을 통해서 개발할 수 있다는 전제에서 출발한다. 리더십은 높은 지능만으로는 설명할 수가 없고, 누구나 각자 자신의 특정한 분야에서 특수한 능력이 발휘되는 영향력으로 보고자 한다. 그러므로 개인의 소질을 발견하기 위해서 어떠한 교육적 훈련과정이 필요한가를 창의성과 연관하여 논의한다.

1장 자신의 심리적 분석과 리더십

자기 자신의 마음을 알기 위해서는 개인의 특성, 즉 자기 자신에 대한 심리적 상태를 통찰할 수 있는 능력이 중요하다. 이것은 리더의 행동에 지대한 영향을 줄 뿐 아니라 리더 자신의 정서적 반응과 습관적 행동양식을 구체적으로 인식할 수 있기 때문이다.

자기 자신에 대한 통찰력은 그 가족에서부터 출발한다. 인간의 출생부터 부모는 자녀들에게 리더의 역할을 하게 된다. 개인차는 있겠지만 유·초년 시기에는 부모의 리더십에 대한 인상과 느낌이 마음속에 깊이 자리 잡게 된다. 이러한 접근은 프로이드(Freud)의 정신개발을 위한 연구에서 그 당시 히스테리성 마비증세로 고통을 받고 있던 환자들에게 최면요법으로 도움을 줄 수 있다는 것을 실험을 통해 알게 되었고 후에는 대화치료법(Talking therapies), 즉 지나온 것을 이야기하는 것만으로도 치료효과가 있음을 증명하게 되었다. 이러한 전통은 그의 제자 융(Carl Jung)과 함께 심리역학적 접근법이 리더십을 개발하는데 중요한 역할을 한다는 것을 구축했다. 현대에 와서는 하버드 대학교의 아브라함 잘레즈닉(Abraham Zaleznik, 1977)이 이러한 이론을 더욱 발전시켰고, 역사적 인물에 대해 역사적 기록이나 가족의 배경에 대한 탐구가 리더십을 개발하는데 있어 중요하다는 것을 강조했다(Northouse, 김남현 옮김, 2005).

심리역학적 접근방식의 기초가 되는 개념으로 가족의 내력, 성숙화 혹은 개체화, 의존성, 독립성, 억압, 자아영상 등을 들 수 있고 이러한 개념들이 리더십을 발휘하는 과정에서 각기 역할을 할 수 있다고 본다. 이러한 이론적 바탕을 기초로 자신의 마음을 통찰하기 위한 도구로 자아개념 분석과 자신의 성격유형을 알아보려고 한다.

1. 나의 마음 읽기: 자아개념지도 (Self Concept-Map)

개념지도(Concept Map)는 눈에 보이지 않는 정신적 이미지(Mental Image)를 시각적인 형태로 나타낸 것으로 노박과 고윈(Novak & Gowin, 1984)은 개념의 위계체계를 적용한 **개념지도 그리기(Concept Mapping)**를 주장했다. 이후 여러 학자들에 의해 복잡한 문제를 개념화 하여 가르치는 학습방법으로 발전하면서 상호 연관된 개념들을 조직하고 분류하는데 활용되어 왔다.

개념지도를 만드는 과정은 **거미줄짜기(Webbing)**와 **개념망(Concept web)**으로 가장 일반적이고 포괄적인 주제가 중심에 놓이고 하위개념들이 중심개념의 주변을 둘러싸거나 선으로 연결된다. 개념지도 그리기 활동은 학생들이 서로 관련된 지식과 개념을 이해하고 발전시키는데 도움을 주는 동시에 스스로의 학습을 이해하고 평가하는데 중요한 도구로 사용되어 왔다.

그렇다면 학습방법에서 활용되어온 개념지도가 자신의 심리적 상태를 통찰할 수 있는 능력과 어떠한 연관을 가질 수 있을까? 앞에서 논의한 바와 같이 미래 사회에서 필요한 리더는 자신의 능력과 소질을 발견하고 구성원들에게 변화를 줄 수 있도록 동기를 부여하게 하는 것이 중요하다고 언급하였다.

우선 자기 자신의 능력과 소질을 알기 위해서는 무엇보다 자신의 마음상태를 통찰할 수 있어야 한다. 리더십이 누구나 각자 자신의 특정한 분야에서 특수한 능력이 발휘되는 크기에 비례한다고 전제한다면 자신의 심리적 상태를 통찰하기 위한 도구로 자아개념지도를 그려보는 것은 매우 의미있는 일이라 생각한다.

이 개념지도를 통해 자신의 마음상태가 어떠한지, 그러한 마음상태의 근간을 이루고 있는 가족의 내력과 유 · 초 · 중 · 고등학교를 지내면서 어떠한 사회화가 이루어져 왔는지, 성장과정에서 부모, 선생님, 다른 성인들로부터 어떤 행동양식에 영향을 받으면서 성장했는지를 이해할 수 있다. 또한 자신의 성장과정에서 누구로부터 어느 정도의 억압과정을 거쳤는지, 그로인해 인간관계에서 나는 다른 사람에게 어떠한 모습으로 비춰지고 있는지, 나의 **자아영상(Self-Shadow)**은 어떠한지를 생각할 수 있다. 이러한 과정을 거치면서 자신에게 지속되는 심리적 원형이 무엇인지를 분석할 수 있게 된다. 자신의 내면 속에 자리잡고 있는 상태를 포괄적으로 분석해 보는 것이 자아개념지도라고 할 수 있다. 다음 세 가지 사례(A, B, C)를 통해 자신의 마음을 읽어보도록 한다.

사례A는 대학교 2학년에 재학 중인 학생이 자신에 대한 개념지도를 그려본 것이다(2008년 9월).

사례A

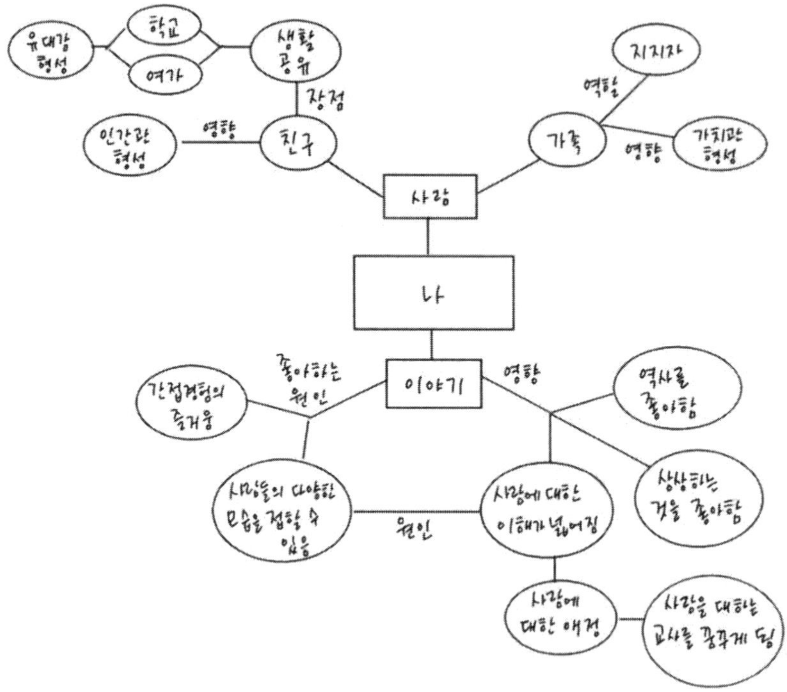

< 사례A의 분석내용 >

여 이상적 유교정내가 좋아하고 있는 대상들과 그것이 나에게 미치는 영향이 나의 정체성을 대표하는 것이라고 생각하여 내가 좋아하는 것을 주제로 마인드맵을 그리게 되었다. 나는 친구와 가족과 같은 나의 사람들을 사랑한다. 친구와 생활을 공유하며 영향을 받아 형성하게 된 인간관이나 가족의 경제적, 정서적 지지를 받으며 영향을 받아 형성된 가치관은 나의 정체성 중 가장 큰 부분에 속한다. 또한 나는 이야기를 무척 좋아하는데, 이야기에 대한 나의 애정은 사람과 역사에 대한 애정으로 발전하여 결국 내가 역사교사를 꿈꾸게 되는 원인이 되었다. 이처럼 사람과 이야기에 대한 나의 애정은 나의 정체성에 큰 영향을 미쳤다고 할 수 있다.

작성자 : 김○○, 대학교 2학년생

위의 사례에서 김○○학생은 사람을 좋아하고 이야기를 즐기는 마음을 자신의 특성으로 분석하였다.

첫째, 사람을 좋아하는 마음상태를 친구, 가족들과 연관하여 설명하고 있다. 이들을 좋아하는 원인으로 생활을 공유하면서 유대감을 형성할 수 있고 또한 그들을 자신을 지지해주는 후원자가 될 수 있다는 것에 정서적 안정감을 느낄 수 있다고 말하고 있다. 이 학생은 원만한 가족관계에서 성장했으며 부모가 리더로서 긍정적인 역할을 했음을 알 수 있다.

둘째, 이야기를 즐기는 이유로 사람들의 다양한 모습을 접할 수 있고 그것을 통해 사람에 대한 이해의 폭을 넓힐 수 있음을 보여주고 있다. 즉 간접경험을 통해 다양한 사고를 할 수 있다는 점을 강조하고 있다. 그렇기 때문에 자신의 직업으로서 역사교사를 지망하고 있으며 그 역할을 충분히 해낼 수 있는 자신감을 말하고 있다.

사신이 좋아하는 것을 직업으로 택하고 그 분야에서 학생들에게 영향력을 끼치고 싶다는 것이다. 이러한 마음상태는 가족의 뿌리에서 찾을 수 있음을 보여주고 있다.

가드너는 직접적인 리더나 간접적인 리더이건 간에 모든 부류의 리더들이 가지고 있는 공통의 능력과 특징 중 하나로 "이야기"의 개념을 들고 있다. 이야기는 세 가지 의미를 내포하고 있다. 첫째, 다른 사람에게 영향을 줄 수 있는 특성과 참신한 아이디어와 유용성을 갖추고 있어야 한다고 설명하고 있다. 이야기에는 내용이 있어야 하고 그 이야기만이 가질 수 있는 창조적인 특성이 있을 때 다른 사람에게 더많은 영향력을 줄 수 있음을 시사하고 있다. 둘째, 실제로 그 이야기의 내용에는 그 당시 사람들이 공감할 수 있는 무엇인가가 있어야 한다는 것이다. 일반대중들은 그들의 마음속에 세상의 중요한 일에 대해서 자기 의견을 강력하게 형성하고 있기 때문에 새로운 의견을 받아들이기가 쉽지 않다는 것이다. 즉 남의 이야기를 자신의 기준에 맞추어 받아들이려고 하기 때문이다. 이야기의 세 번째 의미는 리더의 새로운 이야기에 대중들이 귀 기울여 듣고 이야기를 수용할 수 있도록 만드는 것이 중요하다는 것이다.

예를 들면, 우리나라의 리더인 이승만, 안창호, 김구는 그 당시 우리나라 미래에 대한 독특한 이야기의 내용을 가지고 있었고 대중에게 그 의미를 알릴 수 있는 구현의 능력이 있었기 때문에 대중에게 리더십을 발휘할 수 있었다. 공자나 맹자도 학자로서의 독특한 이야기를 가지고 있었지만 간디처럼 인도민중의 삶에 대한 이야기를 통해 사람들에게 큰 영향을 주어 그 꿈을 이루도록 하지는 못했다. 간디를 '지도자'로 인정해주는 이유가 여기에 있다. 그러나 이야기가 일반대중에게 영향력을 행사하기 위해서는 일반대중들이 이미 마음속에 가지고 있는 고정된 마음(가드너는 Unschooled Mind로 표현)의 저항을 이기고 리더가 새로운 이야기로 대중에게 감동을 줄 수 있는 능력을 가져야 한다. 이런 의미에서 볼 때 위의 사례에서는 비교적 가족의 뿌리에서 긍정적인 자아영상을 형성하고 있음을 알 수 있다.

사례B는 대학교 4학년에 재학 중인 학생이 자신에 대한 개념지도를 그려본 것이다(2008년 11월).

사례B

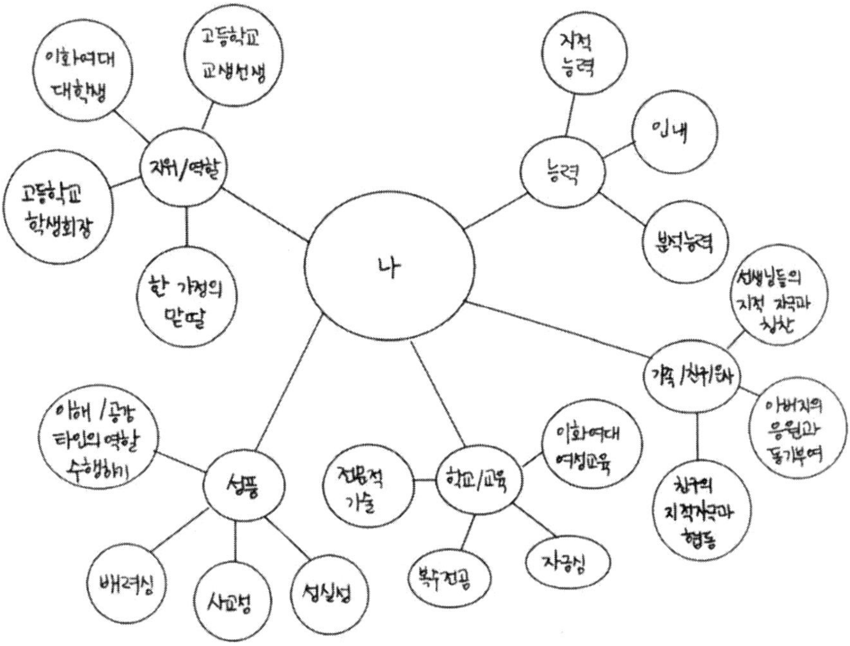

< 사례B의 분석내용 >

두 딸 중 맏이로 태어났다는 점은 나의 성격 형성에 매우 큰 영향을 미치는 요인이었다. 가정에서 첫째로 내게 요구되었던 것들은 대체로 의젓함, 듬직함, 배려, 인내 등이었다. 배려 깊고, 인내하는 의젓한 첫째는 또래집단에서도 단연 의사소통에 있어 매개역할을 하거나 리더 역할을 하였다. 항상 웃으면서 타인을 대하려고 했고, 이러한 사교성은 친구들과의 관계를 긍정적으로 유지하게 하고 전교 학생회장에 당선되게 하는 원동력이 되었다. 나는 다른 사람에 비해 언어능력이 뛰어나다고 생각한다. 그러한 능력은 사교성을 길러주었고 다른 사람의 말을 경청하고 그 대화를 이어나가는데 있어 뛰어난 장점으로 발전했다고 생각한다.

작성자 : 전△△, 대학교 4학년생

위의 사례를 보면 첫째, 가족적인 배경에서 맏이로 태어났고 일반적으로 맏이로서 요구되어지는 태도를 거부하지 않고 받아들였다는 점과 둘째, 맏이로서의 태도를 수용함으로써 사교성과 언어능력의 특성을 기를 수 있음을 보여주고 있다.

1960년대부터 인간이 지닌 재능의 본질에 대해 연구해온 가드너는 인간의 능력을 IQ로만 규정짓는 것에 반대한다. 그 이유는 IQ는 수학적 추론이나 논리적 사고의 능력을 측정하는 데는 어느 정도 기여하고 있지만, 피카소나 모차르트, 간디와 테레사수녀 등과 같이 비범성을 가지고 있는 사람들은 IQ보다는 각자가 가지고 있는 독특한 능력과 그 사람이 어떠한 사회문화적 환경 속에서 성장했는지, 그 가정에서 추구하는 것이 어떠한 가치관인지에 따라 달라질 수 있음을 알아야 한다고 지적하고 있다. 따라서 리더십도 뛰어난 머리보다는 자신의 특정한 능력이 그 분야에서 어떻게 발휘되고, 어떠한 영향력을 미쳤는지에 대한 결과물로 보고 있다. 예를 들면, 징기스칸이나 나폴레옹은 군사분야에서는 리더십을 발휘했지만, 마사 그레이엄과 이사도라 던컨처럼 예술분야에서는 뛰어나지 못하였다(하워드 가드너, 임재서 옮김, 2004).

그러므로 자신을 분석해보기 위해 자아개념지도를 그려보는 것은 자신이 어느 분야에 관심을 가지고 있는지를 알게 해주는 기초단계라고 할 수 있다.

위의 두 사례에서 학생들은 교사가 되어 리더십을 발휘하기를 바라고 있다. 2008년 9월에 실시한 한 설문조사에서는 대학교 4학년 120명의 학생 중 42%는 교사를, 38%는 기자나 정치인, 혹은 기업과 연관된 직업, 20%는 연극이나 영화인, 혹은 문화사업에 종사하기를 원했다. 가드너의 분석을 적용해 보면 정치인이나 기타 일반 기업과 연관되는 직장을 원하는 학생들은 사회조직에서 자신의 행동유형이 사회구성원에게 영향을 발휘할 수 있는 직접적인 리더를, 예술인이나 그와 연관된 문화사업에 연관된 직업을 꿈꾸는 학생들은 그들의 작품이나 창작물을 다룸으로써 사회구성원들에게 간접적인 영향을 끼칠 수 있는 간접적인 리더가 되기를 원한다. 교사가 되기를 원하는 학생들은 어느 측면에서는 직접적인 리더십을, 한편으로는 학생들에게 어떠한 영향을 주고 마음에 변화를 가져올 수 있는지의 관점에서 보면 간접적인 리더십을 발휘할 수 있다. 사회조직에서는 직접적 · 간접적인 리더가 모두 필요한 것이다.

사례C는 중학교에 재직 중인 교사가 자신에 대한 개념지도를 그려 본 것이다(2008년 7월).

사례A

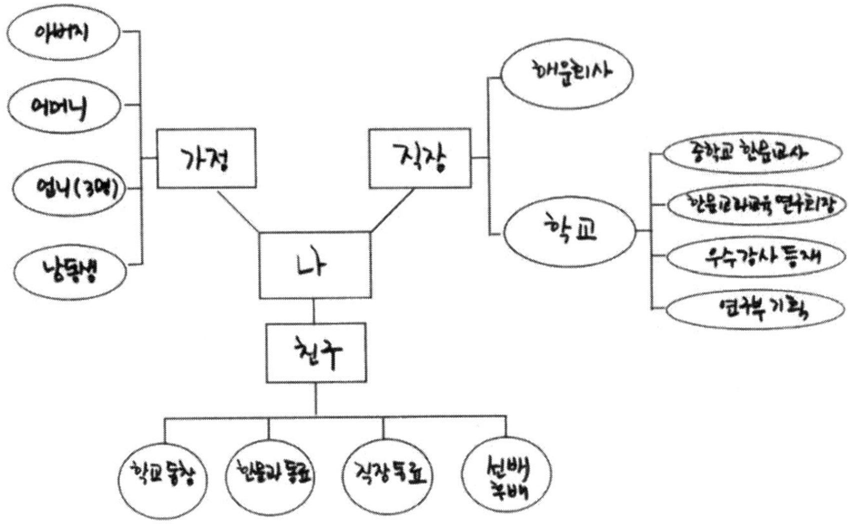

< 사례C의 분석내용 >

가족은 아버지, 어머니, 3명의 언니들과 남동생으로 구성되어 있다. 주변에 좋은 사람들이 많아서 돈독한 인간관계를 유지하고 있고, 이러한 관계는 내가 살아가는데 큰 힘이 되어주고 있다. 대학에서 한문과를 졸업한 나는 졸업 후 해운회사에 입사하였고, 직장생활을 하면서 교육대학원에 입학하였다. 한문교육을 전공하고 임용고시에 합격하여 교사가 되었고, 중학교에서 한문교사로 근무 중이다. 2003년

동부교육청 한문교과교육 연구회장 및 장학위원으로, 2005~2008년까지는 서울시교육연수원에서 한문과 복직교사 및 일정연구 강사를 지냈고 현재 우수강사로 등재되어 있다. 2008년에는 서울특별시 교육과정개정지침연구교사로서 한문교과와 관련한 각종 활동을 활발히 하고 있다. 앞으로 전문성을 갖춘 한문교사로서 활발히 활동하고 능력있는 교사로 생활하고 싶다.

작성자 : 변ㅁㅁ, 중학교 교사

사례C는 직장인으로서 자신의 환경과 주변의 사람들을 자신과 연관하여 구체적으로 분석하고 있다. 교사가 되기 위한 과정도 자세히 그리고 있다.

가정의 구성원들을 이야기하면서 특히 부모님이 리더로서의 만족할만한 역할을 하셨고, 그 결과 주위에 좋은 사람들과의 인간관계를 유지할 수 있음을 보여주고 있다. 또한 주변의 친구들과 동료들이 삶을 살아가는 데 있어서 큰 힘이 된다는 것을 드러내 좋은 인간관계의 중요성을 나타냈다.

사례C를 보면 자신의 심리적 토대가 가정의 건전한 인간관계에서 나온 것을 알 수 있다. 교사가 되기 위해 직장을 그만 두고 교육대학원에 입학하여 자신을 발전시켜 나가는 점, 주변의 사람들과 긍정적인 관계를 형성해 나가기 위해 노력하고 있음을 보여주고 있다.

자신의 마음읽기란 나 자신이 어떠한 뿌리에서 탄생했고, 성장하는 동안 누구의 영향을 받아왔는지를 분석하는 것에서 출발한다. 그리고 이러한 분석을 통해 자신이 가지고 있는 특성이 무엇인지를 발견하고 어떻게 자신을 발전시켜 나갈 수 있는지를 통찰해보는 것이다. 이는 자신이 이 사회의 구성원들에게 무엇으로 어떻게 영향력을 발휘하여 구성원들의 생각, 마음, 행동을 변화시켜 나갈 수 있는지를 생각할 수 있는 기초단계라 볼 수 있다.

2. 자신의 마음 읽기: 에니어그램 (Enneagram)[1)]

자신을 분석하는 또다른 도구로서 에니어그램을 들 수 있다. 에니어그램은 에네아(Ennea: 아홉)와 그라마(Gramma; 그림, 점)의 합성어이다. 에네아와 그라마는 희랍어로 에네아는 아홉을 의미하고 그라마는 영어로에 점(Point), 그림(Draw), 또는 기록(Something Recorded)을 의미한다.

에니어그램은 대략 A.D.10세기를 전후해서 이슬람교 신비주의 수도승인 수피파에 의해서 구전으로 전해오던 것이 서구 세계에 알려지게

1) 에니어그램 이야기21 (www.enneagram21.com)
한국에니어그램 연구소(www.enneagram.re.kr)
김영운(2007). 『에니어그램』. 올리브나무

된 것은 소련 모스크바 서클(Moskva circle)의 정신적 지도자 구르지예프(1872-1949)에 의해서다. 그것이 미국과 유럽 쪽으로 전파되었고 구르지예프(Gurdzhiev)의 제자인 오르펜스키를 통해 에니어그램을 접한 미국의 오스카 이차조에 의해 현대의 에니어그램이 드러나게 되었다.

우리나라에 소개된 것은 약 15년 정도 되었는데 주로 성직자 수도자들의 내면성찰 도구로 사용되다가 최근 4~5년 사이에 급속도로 확산되면서 인간 이해를 위한 심리프로그램의 하나로 확고하게 자리잡아가는 추세이다.

인간에게는 아홉 가지 내면집착이 있는데, 이는 기질적인 특질로 나타나며 삶의 에너지로 표출된다. 대개 아홉 가지 성향이 모든 사람들에게 공통적으로 내재되어 있으나 그중 가장 강하게 집착하는 에너지를 경향성이라 일컫고 자신의 타고난 성향이라고 본다. 그러므로 에니어그램에 의하면 모든 사람은 9가지 중 한 가지성향을 지닌다. 그리고 그러한 성향이 개개인이 처한 고유한 환경에 영향을 받아 현실의 성격으로 나타나다.

에니어그램은 개개인이 지닌 잠재적으로 내재된 기질을 다루는 작업이라고 할 수 있다. 자신의 기질이 아홉 가지의 성향 중 어디에 속하는지를 분석해보는 일은 자신의 소질을 발견하는데 도움이 된다고 할 수 있다. 에니어그램은 일정한 프로그램의 과정을 거쳐서 자신을 발견할 수 있다.

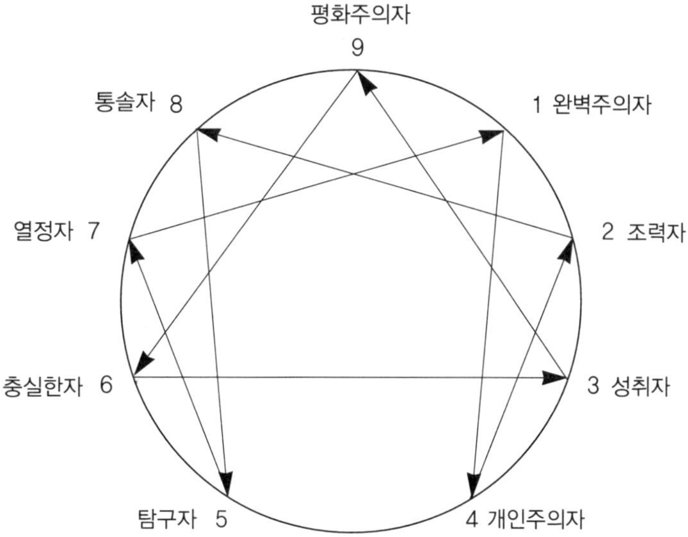

이 그림에서 나타난 9가지 성격 성향을 보면,

완벽주의자는 정확한 일을 처리하며 체계적이고 꼼꼼한 사람이다. 그러나 완벽해지려고 애를 쓸수록 자기 자신 뿐만 아니라 남도 과도하게 비판하는 단점이 있다.

조력자는 무언가 남에게 줄 수 있고 필요한 사람이다. 동정심이 많고 남의 필요에 민감하다. 그러나 남을 돕지 않으면 자신을 쓸모없는 사람이라고 여기므로, 남이 언제나 나를 필요로 하도록 조정한다.

성취자는 현대 사회에 적합한, 유능하고 자신감이 넘치고 활동적인 사람이다. 사교적이며 뛰어난 적응력과 판단력이 있지만 남에게 주목받고 싶은 것이 중요하기 때문에 성공하기 위해 자신의 이미지를 가장한다.

개인주의자는 미적으로 매혹적이고, 스타일에 대한 감각이 남다른 사람이다. 정서적인 강도가 높아서 다른 사람의 감정도 잘 이해한다. 그러나 정상적인 것이나 평범한 것을 진부하다고 느끼며 회피한다.

탐구자는 지적이며 사려가 깊고 수용적인 사람이다. 심사숙고하고 신중하며, 현실에 대한 예리한 관찰자이다. 그러나 자기만의 공간과 시간을 필요로 하며, 지식이나 지혜를 잘 나누려고 하지 않는다.

충실한 자는 규범을 잘 지키며, 상부상조 할 줄 알고 신중한 사람이다. 그러나 세상을 위협적으로 느끼기 때문에, 안전해지기 위한 방편으로 법, 규칙, 상식 등의 외적 권위를 따른다.

열정자는 자유분방하고 모험심이 많고 아이디어가 넘치는 다재다능한 사람이다. 그러나 짜릿한 흥분이나 자극을 과도하게 추구하며, 고통을 결사적으로 회피한다.

통솔자는 열정적이고 대담하며 용기가 있는 사람이다. 타고난 리더이며 카리스마가 있지만 모든 것을 지배하고 통제해야한다고 생각하기 때문에, 무능하고 연약한 사람을 경멸하고 공격한다.

평화주의자는 평화로움과 안정감을 주는 사람이다. 공평한 중재자이며, 온유하고 관대하며 편안한 사람이다. 하지만 문제가 저절로 해결되거나 누군가가 떠맡을 때까지 버티고, 게으른 단점이 있다.

에니어그램의 프로그램은 자기진단을 통해서 개인별 유형이 서로 틀린 것이 아니라 다르다는 것을 인정하는 것이다. 이러한 기본전제는 자기 자신의 성격에 대한 충분한 이해를 통해 리더십의 방향을 찾는데 도움이 된다.

이러한 아홉 가지 성격유형은 보통 에너지를 쓰는 종류와 방법에 따라 머리형(Brain Centered Type), 감정의 에너지를 쓰는 가슴형(Heart Centered Type), 아랫배의 행동에너지를 쓰는 장형(Body

Centered Type)으로 분류된다. 대부분은 혼합형이나 리더 자신의 성격을 먼저 파악하고 다른 사람의 성격을 파악하면 모든 인간관계가 원만해지고 리더십도 효율적으로 발휘할 수 있다는 논리이다.

위에서 제시한 자아 개념지도나 에니어그램은 자신을 분석하는 도구로서 필요하다. 그렇다면 자신을 분석하는 일이 리더십과 연관이 있을까? 앞에서 논의한 바와 같이 자신이 리더가 되기 위해서는 우선 자신의 심리적 상태와 마음을 통찰할 수 있는 능력이 필요하다. 자신의 마음을 읽을 수 있어야 자신이 어떠한 특성을 지녔는지, 무엇을 하기를 원하는지를 알 수 있기 때문이다. 이러한 것을 창의성과 연관하여 생각해보기로 한다.

2장 리더십의 창의성: 미래사회 리더의 자질

아담 카헤인(Adam Kahane)은 남아프리카 공화국의 어려운 문제들을 해결하기 위한 방법으로 두 가지를 제시하고 있다. 그 하나는 하늘에 있는 천사에게 무릎을 꿇고 기도하는 것이고, 두 번째는 우리가 함께 할 수 있는 길을 발견할 때 까지 끊임없이 대화하는 것이다. 경험상 두 번째 방법이 더욱 효과적이라는 것을 설명하면서 그 이유로 문제해결을 위해서는 리더와 구성원들이 함께 새로운 대화의 길을 창조해 나가야 함을 강조한다.

1. 창의성의 본질

창의성(創意性, Creativity)이란 단어는 한문으로는 創(비로서창)과 意(뜻의)가 결합하여 '생각이 처음으로 비롯되다'의 뜻을 갖고 있다. 영어로는 라틴어의 Creo(만들다)를 어근으로 하는 Creatio라는 말에서 유래되었으며 이는 기존의 자료에서 새로운 것을 발견하거나 만들고 산출하는 것을 의미한다.

일반적으로 사회과교육에서는 창의성을 '고등사고력(Higher Order Thinking)'의 한 영역으로 간주한다. 고등사고력이란 새로운 상황에 직면했을 때 단순한 암기나 이해, 경험의 행동을 벗어나 독창적으로 발휘하는 정신작용으로 보고 있다. 고등사고력의 공통된 기능으로는 창의적 사고력, 비판적 사고력, 문제해결력, 탐구능력 등이 있다. 창의성 또는 창의적 사고력은 새로운 상황이나 문제에 직면했을 때 지금까지와는 다른 새로운 방법으로 문제를 해결하려는 정신적인 작용을 말한다고 볼 수 있다(전숙자, 2007).

슬라버트(Slabbert, 1994)는 창의성을 복잡한 문제에 직면했을 때 기발한 접근을 시도하거나 일시적인 생각에 집착하는 사고과정이 아니라 창의적 생산물을 합리적으로 만들기 위한 새롭고 유용한 사고력을 의미한다고 정의하였다.

데이비스와 림(Davis & Rimm, 1985)은 창의성의 특징으로 다섯 가지를 설명하였다.

- 시각화(Visualization) : '마음의 눈' 으로 이미지를 조작한다.
- 과거의 습관에서 벗어나기(Ability to Regress) : 의무적인 행동 방식에 대해 과거의 습관, 전통, 규칙의 영향력을 감소시키면서 어린아이와 같이 자유롭게 사고한다.
- 비유적 사고(Metaphorical Thinking) : 한 상황에서 아이디어를 차용하여 다른 상황에 적용시킨다.
- 전환(Transformation) : 어떤 것을 새로운 상황에 맞게 채택하여 사용하거나 적용한다.
- 영역의 확대(Extension of Boundaries) : 사물을 새로운 방법으로 사용하기 위해 통상적인 영역을 초월한다.
- 직관(Intuition) : 가능한 관계에 기초하여 예견을 한다.

한편 토런스(Torrance, 1966)는 유창함, 융통성, 독창성, 정교함을 창의적 사고력의 본질로 규정하고 있다. 이러한 창의성의 본질적 요소가 미래 시대 변화에 적합한 리더십으로 작용하기 위해서는 창의성 그 자체보다는 창의성이 그 사회에서 생산적인 요소로 작용할 수 있도록 전환되어야 함을 강조하고 있다.

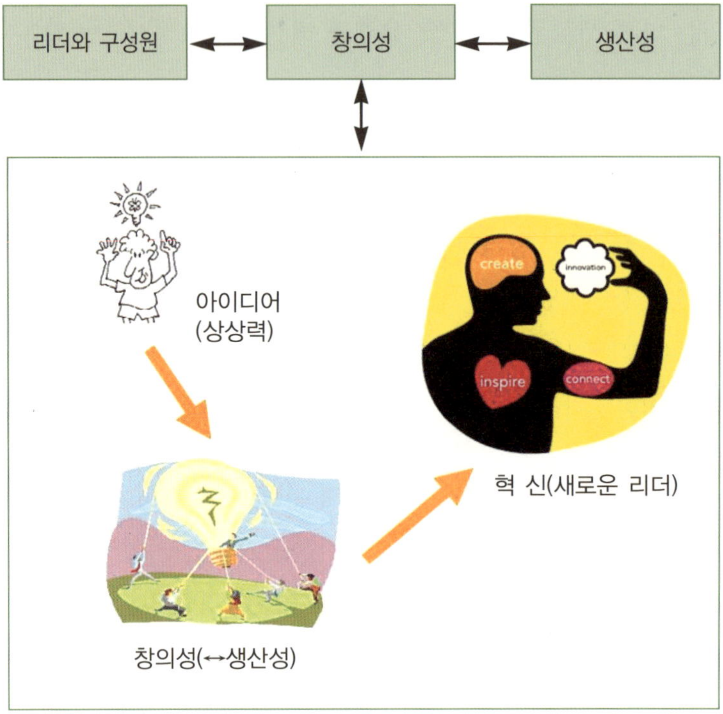

출처 : wolvesandlovers.wordpress.com

창의성이 생산성으로 전환되기 위해서는 그 기조에 상상력이 필요하고 상상력은 새로운 시대의 변화를 읽을 수 있는 능력과 경험이 요구되어진다. 즉 새로운 리더가 되기 위해서는 혁신적인 생각의 전환이 필요하다.

한편 심리학자 길포드(Joy P. Guilford)는 창의성의 핵심개념을 **발산적 사고(Divergent Thinking)**로 보고 창의적인 사람들은 어떤 자극을 받거나 해결해야 할 문제를 보면 다양한 연상을 하게 되며 일반 사람에게는 찾아보기 힘든 엉뚱한 반응을 보이는 경향이 있음을 강조하고 있다.

심리학 분야에서는 창의성에 대해 많은 논쟁과 다양한 실험을 거치면서 일반적으로 세 가지의 결론을 얻을 수 있었다.

첫째는 창의성은 지능과 다르다는 점이다. 물론 지능과 창의성은 서로 연관되어 있지만 지능이 우수하다고 반드시 창의성이 높은 것은 아니라는 것이며 창의성이 높다고 지능이 높은 것도 아니라는 것이다. 지능과 창의성이 어느 정도의 상관관계를 가지고 있는지는 또다른 연구에 속한다고 볼 수 있다.

둘째, 창의성 검사는 신뢰할 수 있다는 점이다. 한 사람이 창의성 검사를 여러 차례 받아도 비슷한 점수를 얻을 수 있으며 한 사람이 다른 여러 가지의 창의성 검사를 받아도 확고한 상관관계를 나타낸다는 것이다. 그러므로 다른 어떠한 전통적인 검사보다 신뢰성이 높다고 볼 수 있다.

셋째, 창의성 검사에서 높은 점수를 받는다고 해서 반드시 전문 직업이나, 같은 문화권 내에서 창의력을 발휘하는 것은 아니라는 것이다.

이러한 창의성에 대한 가드너의 연구는 주로 창의적 대가들의 개인적인 경험과 환경을 분석해 봄으로써 그 결과 어떤 공통점을 발견하게 된다.

그 중 하나가 10년 주기론으로 창의적 대가들은 대체로 10년간의 준비기간을 갖는 동안 창의성이 성숙되어지고 약 10년간 창의성의 영향력을 발휘하며 다음 10년간 그 창의성을 다른 분야로 확산시킨다는 것이다.

또 하나는 창의성 발휘를 가능하게 했던 시대적 특성이 무엇인지를 이해하는 것이다. 가드너가 『Creating Minds』에서 분석한 7명의 창의적 대가들(프로이드, 아인슈타인, 피카소, 스트라빈스키, 엘리엇, 마사 그레이엄, 마하트마 간디)은 19세기 후반의 인물들로 현대사회에서 생활한 사람들이고, 동시대의 인물들로서 서유럽 문명의 영향을 받은 사람들이다. 현대사회의 어떠한 특징이 이들의 창의성 발휘에 영향을 주었는지를 밝혀보는 것은 중요하다(하워드 가드너, 임재서 옮김, 2004, p19).

창의성과 관련하여 시대를 뛰어넘는 공통점은 무엇일까? 자기 자신의 개념지도나 에니어그램의 프로그램을 통해 자신의 특성과 본질, 시대성과 그 시대성을 뛰어넘는 창의적인 특성이 무엇인지를 연관하여 생각해봐야 한다. 이러한 과정은 결국 리더가 자신의 성격특성을 통찰할 수 있는 능력을 획득하게 되며 그러한 능력의 획득을 기초로 자신의 창의성을 개발할 수 있다.

2. 창의성에 대한 관점

창의성에 대한 관점은 여러 가지 유형에 따라 보는 관점이 다르다. 여기서는 정신분석학적 관점과 행동과학의 관점, 인지적 관점에서 간단히 살펴보기로 한다.

정신분석학적 관점에서는 그 시대의 저명한 심리학자인 프로이드(Freud, 1921)가 창의성을 이해하는데 중요한 공헌을 한 학자로 인정받고 있다. 그는 창의적 행동의 원동력은 개인이나 그가 속해있는 공동체 구성원에게 내면화 되어 있는 경우가 많다는 것을 강조하고 있다. 프로이드는 인간행동의 성적(性的)동기를 중시했고, 특히 창의적인 삶을 뒷받침하는 성적요인에 관심이 많았다. 프로이드의 입장에서 창의적인 인물이란 리비도 에너지의 상당 부분을 승화시켜서 글쓰기와 그림, 작곡 혹은 과학탐구와 같은 2차적인 목적을 추구하는 사람을 말한다. 그는 유아발달의 중요성을 확신하면서 유아와 놀이와 백일몽을 꿈꾸는 성인, 그리고 창의적인 예술가 사이에 유사점이 있음을 발견하고 다음과 같이 서술하고 있다.

놀고 있는 아이는 자기만의 세계를 창조하거나, 혹은 자신이 즐거울 수 있도록 주변에 존재하는 사물을 재배열한다는 점에서 모두 창조적인 작가와 비슷하다고 말할 수 있지 않을까? ...... 창조적인 작가와 놀고 있는 아이가 하는 일은 똑같다. 창조적인 작가는 환상의 세계를 창조하고 이것을 진지하게 받아들인다. 즉, 작가의 환상세계에는 그의 감정이 충전돼 있다. 물론 그는 환상의 세계와 현실을 날카롭게 구별한다(출처: 하워드 가드너, 임재서 옮김, 1994, pp 66-68).

위의 서술에서 보듯이 프로이드는 창의적인 삶과 특히 예술가의 삶에 대해 관심을 가졌는데 이러한 생각은 그의 생활 경험에서 비롯되었다고 볼 수 있다. 그는 수요심리학회라는 모임을 통하여 정신분석학 이론과 실천의 기본을 꾸준히 발전시켜 나가면서 『꿈의 해석』이라는 저서를 출간하게 되었고 그 책을 저술하면서 지금까지와는 다른 생애 전환점을 맞게 된다.

그는 본래 유대인 가족에게서 태어났으며 어머니의 각별한 사랑을 받고 자랐지만 가정환경은 유복한 편이 아니었다. 그러나 그는 재능이 뛰어났으며 다양한 취미, 특히 야외활동을 좋아해서 산책, 수영, 스케이팅을 즐겼으며 많은 친구들을 사귀었다. 프로이드는 군인의 삶을 동경했고 카르타고의 명장 한니발을 좋아해 한때 장교를 꿈꾸기도 했지만 틀에 박힌 생활을 좋아하지는 않았다. 그는 자신이 유대인임을 분명히 자각하고 괴테의 『자연론』 강의에 매료되어 의학을 선택하게 되었다. 프로이드가 자서전에서 "자연보다는 인간 문제에 더 깊은 관심이 간다."고 고백했듯이 인간세계에 강한 매력을 가지고 생활하였다.

프로이드는 다른 학자들과는 달리 정신분석학의 이론을 발전시켰을 뿐 아니라 실천적인 측면을 통해 치유를 갈망하는 사람들에게 치유법을 실천하였다. 또한 그는 『꿈의 해석』, 『일상생활의 병리학』, 성욕에 관한 세 편의 에세이 등 활발한 저술활동과 강연을 통해 정신분석학 운동의 아버지로서 역할을 확고히 정립해 나갔다.

프로이드는 오늘날 세계적 인물로 특정 지능을 활용하여 창의성을 보여주었으며 그의 생애를 통해 초기에는 인간에 대한 관심, 그리고 고립된 환경에서 탐구작업을 계속하다가 후반기에 결국 다시 세상에 대한 관심으로 많은 사람들과 대화를 나누면서 창의성에 대한 다양성을 보여주었다. 프로이드는 특정분야에서 창의적인 도약을 이루어 냈을 뿐 아니라 리더로서의 특정한 분야에 인물로 인정받고 있다. 전반적으로 보았을 때 프로이드의 창의성에 대한 관점은 그가 혁명적인 인물이든, 창의적인 인물이든 간에 그의 성격과 동기를 설명할 수 있는 적절한 관점을 형성하는데 크게 기여했다고 볼 수 있다.

행동과학의 관점에서 보면 스키너(B. F. Skinner)는 사람들이 창의적 행위에 나서는 것은 예전에 그러한 행동을 했을 경우 보상을 받은 경험이 있거나 긍정적인 강화가 개인에게 주어졌기 때문이라고 설명하고 있다. 이러한 측면에서 본다면 창의적 행위는 물질적 보상 때문이라고 볼 수 있다. 이러한 점은 정신분석학적 관점과 행동과학의 관점이 갖는 공통점이다.

사회 심리학자인 테레사 아마빌라(Teresa Amabile)는 실제로 독창성이나 창의적 행동은 자유롭게 주어졌을 때 오히려 강화된다고 보고 있다. 이것은 내재적으로 동기화된 경험이 있을 때 감정적으로 몰입상태(Flow State)에 들어가게 되며 창의적 행동을 하는 사람들은 이러한 감정상태를 추구한다고 보고 있다.

즉 몰입상태나 몰입경험은 자신이 관심을 갖는 대상에 완전히 빠져들어가는 것을 말한다. 이러한 감정상태는 어떠한 활동 분야에서도 경험할 수 있다. 한 개인이 어느 분야에 몰두하다보면 한때 매우 어려운 도전이라 생각했던 일이 쉽게 달성되어 유쾌한 일이 될 수도 있다. 특히 음악가들이 어려운 곡에 도전하거나 연극배우가 연극에 도전하는 행위와 같다. 창의적인 사람들의 행위특성이 어떤 일에 좌절을 겪더라도, 혹은 보상을 받지 못하더라도 자신의 전문분야에서 지속적으로 도전하는 이유가 무엇인지 알 수 있다.

한편 창의성에 대한 인지적 관점은 정신분석학적 관점이나 행동주의 심리학적 관점과는 달리 인지심리학자들은 인간의 마음에 중심을 두고 개념들 즉, 생각(Thoughts), 이미지(Image), **정신적 표상들 (Mental Representation)**의 발달양상의 정신작용을 연구하였다. 초기에는 간단한 낱말이나 기하학적 형태 등의 간단한 자극에 관심을 가지고 연구해왔으나 점차 이야기 · 시나리오 · 꿈 · 비전 같은 좀 더 복잡하고 의미있는 정보의 형식을 설명하고자 하였다. 인지적 관점에서는 리더와 청중의 활성화 된 정신구조를 강조한다. 그러나 인지적 관점에서도 리더들의 개인적인 기질이나 청중들의 역할 등에서도 많은 영감과 영향을 받고 있다(하워드 가드너, 송기동 옮김, 2008, pp55-59).

창의성에 대한 다양한 관점 중 이 책은 인지적 접근에 관심을 가지고 출발하였다. 하워드 가드너는 리더십의 영역을 '인간의 마음'과 연결하여 보았다. 인지적 접근방법은 외적인 행동에만 관심을 쏟는 행동주의 심리학자나 주로 개성과 동기에만 집중하는 정신분석학자와는 달리 생각, 이미지, 정신작용의 표상들의 발달양식과 이러한 개념들의 저장과 획득 등에 관심을 갖는 정신작용에 집중하였다. 즉 인지적 관점에서의 이야기는 무엇을 의미하며 어떻게 청중들에게 전달되며 나아가 사람들의 생각과 감정 등에 어떠한 영향을 주면서 새롭게 창조될 수 있는지에 관심을 모으고 있다.

3부 서두에서 언급했듯이 리더십을 심리적 측면에 치우쳐서 분석하다 보면 리더와 구성원간의 교감을 통해 이루어낸 업적을 총체적으로 설명하지 못할 때가 있다. 그럼에도 불구하고 리더의 개인적인 경험, 정신역학적 기질, 인간관계 등은 창의성 개발과 연관되어 설명되어 진다.

창의성에 대한 다양한 관점을 종합해볼 때 창의성은 위로부터의 권위에서 시작되는 것이 아니라 추종자들의 자유로운 생각에서부터 일어나는 것이다. 조직 내에서 창의적인 사람들을 대우하고 생산적인 아이디어를 창출해낼 수 있도록 격려함으로써 조직을 변화시킬 수 있도록 분위기를 조성해 나가는 것이 필요하다. 고정관념을 넘어 새로운 유용성의 아이디어를 가질 때 '최고 인재의 핵심역량이 창의성'으로 전환될 수 있다는 잭 웰치(Jack Welch)의 말의 의미가 더욱 가중된다고 볼 수 있다.

예를 들어, "꿈에는 한계가 없다. 미래로 나아가라(Dreams have no limits. Go Further)."는 말은 세이크 무하마드(Sheikh Mohammed)가 자신의 통치철학을 바탕으로 두바이의 미래 구상 계획을 선언한 말이다. 1996년 3월 왕세자로 임명된 다음해에 두바이의 경제계획을 발표했다. 그 발표 선언에는 미래 20년 후의 석유고갈의 문제가 자국에 심각한 영향을 미칠 수 있다는 경제구조에 대해 생각의 전환을 가져온 계획이자, 20년 후의 미래를 예측한 계획이었다.

두바이의 기적은 일일이 설명하지 않아도 국민으로 부터의 절대적인 존경을 받음과 동시에 세계의 중심이 될 두바이를 계획했다. 사람들은 '사막의 기적: 인공섬 계획' 이라고 부르면서 두바이의 기적을 찬양하고 있다. 이러한 두바이의 계획이야말로 '창의적 리더십' 에서 발휘된 발산적 사고라고 확실하게 설명할 수 있다. 이것은 무하마드 국왕의 생각의 전환과 생산성, 유용성, 독창성이 종합적인 조화로 이루어 낸 창의적 산물이라고 볼 수 있다.

또 하나의 창의적 리더십으로 우리는 세종대왕을 꼽는다. 그의 리더십에 관해서는 앞에서도 설명했지만, 창의적 리더십과 연관하여 볼 때 어떤 일을 추진하고자 할 때 백성들과의 대화를 소중히 생각했다. 세종대왕은 대화를 하기 위해 백성과의 소통할 수 있는 '이야기' 를 가지고 있었다. 세종은 자신만의 창의적 이야기를 가지고 한글 및 과학 분야의 새로운 일들을 추진한 창의적 리더였다. 창의성의 다양한 관점 중 인지적 관점에서의 측면으로 볼 때 대중과의 '이야기' 를 갖는다는 것은 소통의 내용이 있다는 것과 상통하며 그 이야기의 소통은 창의성과 연관된다.

이와 같은 관점에서 볼 때 에디슨(Thomas Alva Edison, 1847-1931)은 발명가로서 아이디어를 가지고 실현했으며 창조적 경영 혁신을 한 사람으로 볼 수 있다(김재득, 2008).

그렇다면 창의성은 어떻게 길러질 수 있는 것일까? 하워드 가드너는 『Creating Minds』에서 7명의 창조적인 인물로서의 프로이드, 아인슈타인, 피카소, 스트라빈스키, 엘리엇, 마사 그레이엄, 그리고 간디의 창조적인 도약적 행위를 분석하였다. 특히 그들의 창조적인 행위에 관심을 가지고 연구한 결과, 어느 한 분야의 창조적 업적은 또 다른 분야의 업적으로 멸망하거나 도태되지는 않으며 각각의 창조적 인물들은 독특성을 가지고 있다는 점을 발견하였다.

창의성을 기른다는 것은 쉬운 일이 아니다. 왜냐하면 각 개인마다 그가 가지고 있는 특성과 기질이 다르고 시대마다 요구되는 내용이 다르기 때문이다. 그러나 창의성을 논할 때 기초적인 관심사를 요약해보면 다음과 같다. 첫째, 창의성의 중요한 차원이 가족과 유년기에 뿌리를 두고 있기 때문에 창의성을 이뤄낸 어른들과 아동의 관계를 분석해보는 것이 필요하다. 둘째, 창의적 인물과 다른 사람들과의 관계(부모, 교사, 동료, 경쟁자, 추종자 등)를 분석해 보는 것이 필요하다. 셋째, 창의적인 인물을 어떠한 분야에서 어떻게 활동해오고 있었는지를 분석해 보는 것이 필요하다.

이러한 분석을 통해 창의적 인물은 유년기의 자신의 통찰과 감정, 경험을 생산적으로 활용해야 한다. 또한 성장하면서 어떠한 창의적인 활동을 해왔는지, 창의적인 과제를 이루기 위해 누구를 모델로 삼고 있는지, 자신이 어떠한 문제를 탐구하는 것에 흥미를 느끼고 있는지, 어느 분야에 관심이 집중되고 있는지, 창의적 행위는 작품으로 나타낼 것인지를 검토해야 한다.

아직까지 창의성을 기르는데 있어 유전적인 영향을 준다는 결과는 나타나고 있지 않다. 그러므로 창의성을 기르기 위해서는 창의성 연구가 다양한 분야에서 다양한 관점에 입각하여 이뤄져야 하고 이로써 최선의 결과를 얻을 수 있을 것이다.

3. 미래 사회: 우리는 어떤 리더를 원하는가?

1980년대에 오면서 사회 변화는 새로운 장르의 리더십을 요구하게 되었다. 우리나라도 그 흐름에 따라 1990년대에 들어오면서 사회환경의 내·외적 변화와 함께 과거 리더십 유형의 한계에서 벗어나 그 조직 구성원의 신념·욕구·가치 등을 변화시킬 수 있는 새로운 리더십 패러다임이 필요하게 되었다.

이와 함께 리더십 교육기관이 더욱 활발한 활동을 전개하기 시작하면서 연수기관도 확대되었다. 정부 교육기관으로 지방행정연수원이 활발한 활동을 하기 시작하였고, 민간훈련기관의 확대와 각 대학에서 리더십 교육기관이 새롭게 자리 잡게 되면서 리더의 자질을 새로운 관점에서 요구하게 되었다.

이를 좀 더 구체적으로 보면 21세기 미래 사회의 리더십 모형의 변화는 지시보다는 지원(Stewardship)을, 권위보다는 봉사(Servant Leadership)를 중시하며, 리더 중심에서 구성원 중심으로 또는 한 사람의 리더에서 전원 리더(Self-Leadership)로의 전환을 요구한다(김재득, 2008, p35).

이러한 변화된 리더십 모형의 특성은 먼저 리더 자신의 올바른 인격과 성품을 찾는 것이 중요하다는 것을 말한다. 마하트마 간디(Mohandas Gandhi)는 윤리와 도덕성을 강조하면서 개인에게 있어 인격과 인품의 중요성을 중시했다. 론 시몬스(Ron P. Simmons)도 『인격의 힘』이라는 책을 통해 리더십에 관해 이야기를 하다보면 결국 한 개인의 인격과 성실성에 대한 이야기로 끝을 맺는다고 설명하고 있다. 이러한 측면은 리더에게 있어서 조직의 공정함, 일관성, 신뢰성과 자발적인 헌신과 열정을 끌어내는 면을 강조하면서 교육을 실시했다고 볼 수 있다.

또한 리더 스스로가 자신의 내면을 성찰하고 동시에 구성원들과의 배려를 바탕으로 좋은 관계를 유지할 수 있는 능력의 중요성을 강조한다. 이것은 리더십을 발휘할 때 지능지수(IQ)보다 감정지능(EQ)이 더 효과적인 것을 말하고 있다. 심리학자 다니엘 골먼(Daniel Goleman)은 감성지능이 리더십을 발휘하는데 있어 지능지수보다 높아야 함을 설명하고 있다.

그리고 인간관계의 중요성을 설명하고 있다. 『카네기 인간관계론』에서는 인간관계를 4단계로 보고 있다. 1단계는 우호적인 사람이 되고 2단계는 협력을 얻어내야 하며 3단계와 4단계는 감동과 대화의 능력이 뛰어나 비전을 공유하고 열정을 불어넣을 수 있는 리더가 되어야 한다는 것이다. 이러한 인간관계를 유지하기 위해서는 리더는 구성원들에게 만족감과 성취감을 갖도록 동기를 부여하는 능력이 필요하며 제대로 동기를 부여할 때 조직의 성과를 가져올 수 있게 된다. 이러한 리더의 역량은 리더 자신의 열정과 자신감에서 올 수 있다.

위에서 언급한 바와 같이 새로운 리더십 자질을 바탕으로 새로운 사회현실에서 요구되어지는 리더십은 어떠해야 하는가?

첫째, **감성의 리더십(Emotional Leadership)**을 들 수 있다.

감성리더십은 리더 스스로가 자신의 내면을 깊이 있게 통찰 · 성찰하는 데서부터 시작하여 구성원들과 함께 이끌어 가는 힘을 말한다. 미래사회는 감성의 눈으로 시장과 조직사회를 통찰하고 문제점을 해결하는 것이 필요하다. 감성융합의 시대에는 엘빈 토플러(Alvin Toffler)가 지적했듯이 권력이동대신 대대적인 산업이동이 일어나며 이러한 문제해결에는 감성에너지를 모으는 팀워크가 필요하다. 효과적인 감성리더십을 발휘하기 위해서는 자아를 통찰할 수 있는 능력을 길러야 하고 타인에 대한 배려가 필요하다.

프레드 그린슈타인(Fred Greenstein)은 11명의 대통령의 리더십을 감성지능, 의사소통능력, 정치력, 통찰력, 인식능력 중에서 감성지능에 가장 비중을 두고 분석한 결과, 감성지능에 문제가 있는 대통령으로 존슨, 닉슨, 트루먼을 예로 들었다. 이들은 자신의 정서를 제대로 통치하지 못했다. 반면 케네디는 대중과의 의사소통능력이 뛰어났으며 위대한 대통령으로 평가받고 있다. 감성리더십은 이 책 3부에서 주장하는 자신의 성찰과 창의성과도 연관되어진다. 요즘 우리나라에서는 '감성행정', '감성경영', '감성융합', '감성 CEO' 등이 새로운 아이콘으로 부상하고 있다. 감성리더십에서는 해박한 지식과 권위의 카리스마 보다는 인간의 내면에 잠재된 욕망을 자극하고 공감을 끌어내는 힘을 말한다. 이러한 리더십은 이 책에서 주장하는 '내안의 리더십' 과도 연결된다.

즉 누구나 자신의 소질을 찾아내어 각각의 분야에서 리더가 될 수 있다는 전제를 바탕으로 하기 때문이다. 그것은 곧 미래사회의 리더는 한 사람이 아니라 구성원 전체가 될 수 있다는 가정을 뒷받침해주고 있다. 감성리더십을 기르기 위해 감성엔진과 감성역량을 배양해야 한다. 이를 위해 첫째, 자신을 통찰할 수 있는 에너지를 통해 자아인식(Self-Awareness)의 능력을 높여야 하며 둘째, 자신의 감정을 적절하게 통제할 수 있고, 타인에 대한 배려가 있어야 한다. 셋째, 끊임없는 열정과 자기혁신을 통한 도약정신이 필요하다(김재득, 2008, pp112-126).

둘째, 미래사회에서는 **통합의 리더십**이 필요하다.

정보화의 물결과 과학기술의 발전, 세계화의 진전으로 어느 특정한 능력만으로는 리더십을 발휘할 수가 없다. 어떠한 문제를 해결할 때 팀워크의 정신과 열린 리더십을 강조하는 통합적 사고가 필요하다. 링컨은 국가를 경영할 때 대통령 자신의 독단적인 행동만으로 결정하지 않고 국민의 의사를 최대한으로 존중하는 열린 태도를 가졌다. 그 당시 최대 이슈인 연방의 통합과 노예해방이라는 문제에 부딪히면서 북부의 입장을 국민들에게 제시하고 그 정당성을 끊임없이 설득했으며 민의를 수렴하여 효과적인 리더십을 발휘하였다. 이런 측면에서 링컨이 그 당시에 행했던 리더십은 통합의 리더십으로 볼 수 있다(김재득, 2008, p341).

아담 카헤인의 저서 『Solving Tough Problems』에서도 현대사회의 어려운 갈등의 문제들을 해결하기 위한 방법으로 리더와 구성원들간의 함께 생각하고 대화하고 실천하는, 즉 능력을 변화시킬 수 있는 통합적 리더십을 제안하고 있다. 그는 세계에서 가장 복잡하고 갈등이 심한 분쟁지역을 돌아다니면서 그가 경험한 것을 바탕으로 어떻게 문제의 실마리를 풀어갈 수 있었는지를 설명하고 있다.

그가 가장 중요시 했던 것은 타인의 이야기를 먼저 듣기 위해서 자기 자신을 개방해야만 하는 사실을 제안하고 있다. 왜냐하면 우리는 자신이 듣고 싶은 말만 골라서 듣게 되고 자신의 행동의 부족함을 발견하기 위해 손해를 보면서까지 마음을 여는 사람은 드물기 때문이다. 또한 자신의 공동체를 근본적이고 체계적으로 변화시켜 나갈 수 있는 방법을 찾아야 한다. 이것은 인간 공동체가 지닌 창조적인 힘을 사물과 연결시킬 수 있어야 함을 의미하는데 이러한 방법을 찾기 위해서는 '용기(courage)' 가 필요하다. 즉 우리가 직면한 문제를 해결하기 위해 열린 사고와 열린 감성이 필요하다는 것을 의미한다. 미래사회에서 일어날 전 지구적 문제는 혼자의 힘으로 해결할 수도 없고 또한 한 가지 정해진 방법을 적용하여 해결할 수도 없다. 그 문제가 무엇인지를 리더와 구성원들이 함께 고민하고 대화하고 협동함으로써 해결할 수가 있다.

감성과 통합의 리더십을 통해 미래 사회에서 리더십에 필요한 조건을 다음과 같이 요약할 수 있다. 첫째, 어려운 문제를 평화적으로 해결하기 위해 자신의 의견을 공개적으로 이야기함으로써 속마음을 털어놓을 때 토론이 제대로 이루어질 수 있을 것이고 이러한 토론이 제대로 이루어진다는 것은 복잡하고 어려운 문제를 열린 마음으로 해결할 수 있는 능력으로 간주할 수 있다는 것이다. 즉 '말하기' 의 중요성을 강조하고 있다.

둘째, '듣기' 로 다른 사람에게서 오는 새로운 것을 받아들이는 일이다. 열린 마음으로 상대방의 마음을 읽을 때 창의성이 가능해진다. 우리는 보통 다른 사람의 말을 옳고 그른지만을 판단하며 듣는다. 우리가 열린 마음으로 듣지 않는다면 전혀 새로운 것을 창조할 수 없을 것이다. 여기에는 감정이입의 문제가 따른다.

셋째, '새로운 현실 창조하기' 로 생산적 대화에서 어떤 문제 상황에 부딪혀 새로운 해결책을 찾으려 할 때 처음에는 예측할 수 없었던 새로운 해결책을 만들어 내는 것이다. 거기에는 세 단계의 대화가 필요하다. 첫 번째 단계는 분열의 단계로 어떤 문제에 대해 서로 다른 의견을 내놓는다. 두 번째 단계는 새로운 아이디어를 내놓고, 세 번째 단계는 집중(converged)단계로 새로운 틀을 만들고 실천계획을 세우는 통합의 단계이다. 새로운 시대에 요구되는 리더십은 다른 사람에 대한 관심과 이해심이 깊고 전문지식에 익숙하지 않은 대중에게 메시지를 전달할 수 있어야 한다. 그러기 위해서 리더는 메시지를 효과적으로 전달할 수 있는 유연성과 개방적 태도가 필요하고 지속적인 리더십을 발휘하기 위해서 그 분야, 혹은 조직의 상황과 상관없이 독창적인 사고를 지녀야 한다.

이러한 리더의 자질을 기르기 위해서 창의성, 또는 창조성이 중요하다. 3부 서두에서 논의한 바와 같이, 우리 각자 개인에게는 내면에 특정한 분야에서 대가(大家)가 될 만한 소질을 가지고 태어나는데 그러한 소질을 발견하고 강화시킬 수 있는 교육기회를 필수적으로 가져야 하며 이러한 체험의 과정에서 타인들로부터 격려와 지지를 받는 인간관계가 형성되어야만 자신이 가지고 있는 창의성을 발휘할 수 있게 된다. 또한 창의성과 리더십과 연관하여 볼 때 어떠한 이야기의 내용을 가지고 청중들에게 어떻게 전달할 수 있는가의 문제와 말하기 · 듣기를 어떻게 하느냐에 따라, 즉 대화를 어떻게 하느냐에 따라 창의성과 리더십의 관계가 형성된다는 것을 알 수 있다. 이는 창의성을 기르기 위한 다양한 교육 프로그램을 만들고 적용시키는 또 다른 측면의 작업이 남아 있음을 시사한다.

- 구자홍(2006). 변화하는 시대의 효과적인 리더십. 미디어다음, 2006. 9. 12.
- 김영한(2007). 창조리더십 2.0, 위즈덤하우스
- 김재득(2008). 리더십. 대영문화사
- 김혜숙, 윤소연. (2008). 여성리더십의 현재와 미래-젠더통합 리더십을 지향하며; 여성 리더의 특성과 효율성: 조직의 성차별문화의 영향. 한국심리학회 연차학술발표대회 논문집.
- 대니얼 골먼 외, 장석훈 옮김(2003). 감성의 리더십, 청림출판
- 동팡원퀴 편저. 김효숙 역. (2005). 제갈량 리더십. 랜덤하우스 중앙
- 마이클 J. 골드버그, 박종영 옮김(2001). 에니어그램 성격의 리더십, 상상북스
- 무하마드 유누스, (2002). 가난한 사람들을 위한 은행가. 세상사람들의 책.
- 박용석, 류기현. (2008). 해외기업에 인수된 한국인 종업원들의 직무만족에 관한 연구. 경영학 연구, 37(3): 537-558.
- 백경숙, 윤지영. (2006). 교사가 지각하는 유아교육기관의 서번트 리더십과 직무만족도와의 관계. 아동학회지, 27(1): 67-79.
- 백기복 외, (2008). 21세기 매니지먼트 이론의 뉴 패러다임. 위즈덤하우스.
- 백기복. (2000). 이슈 리더십 : 성공하는 리더들의 성공공식. Sogang Harvard Business.
- 백기복. (2001). 리더십 2000: 리더십연구의 새로운 패러다임, 국민대학교 북악경영연구, 7: 319-336.
- 백기복. (2007). 조직행동연구. 창민사.
- 스티븐 맨스필드, 김정수 옮김(2003). 윈스턴 처칠의 리더십: 결코 포기하지 마라.
- 신정길 외(2004). 감성경영 감성리더십, 넥스비즈
- 이강옥 외(2003). (21C)리더십의 새로운 패러다임, 무역경영사.
- 이인석. 조성풍. 정무관. (2007). 카톨릭교회의 서번트 리더십이 교회구성원들의 태도에 미치는 영향에 관한 연구. 한국심리학회지: 산업 및 조직, 20(4): 375-393.
- 하워드 가드너, 송기동 옮김(2006). 통찰과 포용. 북스넛
- 하워드 가드너, 임재서 옮김(2004). 열정과 기질. 북스넛.
- 황인표(2006). 리더십의 개요, 변화혁신리더십센터, 중앙공무원교육원
- Adler, N. (2001). Global leadership: women leaders. Management International Review, 37(1): 171-196.
- Aldrich, H. E., (2005). Entrepreneurship, in the Handbook of economic sociology, Princeton University Press and Russell Sage Foundation.

- Ashford, S. J. (1986). Feedback-seeking in individual adaptation: A resource perspective, Academy of Management Journal, 29, pp. 465-487
- Barron, F.(1969). Creative Person and Creative Process. New York: Holt, Rinehart, and Winston.
- Bass, B. M., (1990). Bass & Stogdil's handbook of leadership. Free Press.
- Black, J. S., Morrison, A., & Gregersen, H., (1999). Global explorers: the next generation of leaders. New York: Routledge.
- Blacke, R. R. and Mouton, J. S. (1968). Corporate Excellence Though Grid Organizational Development, Houston: Gulf Publishing.
- Boden, M.(1990). The Creative Mind. New York: Basic Books
- Bryman, A., (1986). Leadership and organization. London: Routledge & Kegan Paul.
- Burt, R. S., (1992) Structural Holes. Cambridge, MA: Harvard University Press.
- Child, J. (1972). Organizational structure, environment & performance: the role of strategic choice. Sociology, 6: 1-22.
- Conger, J. A. & Kanungo, R. N., (1998) Charismatic Leadership in Organizations. Thousand Oaks, CA: Sage Publishers.
- Csikszentmihalyi, M.(1988). Motivation and Creativity: Towards a Synthesis of Structural and Energistic Approaches. New Ideas in Psychology 6
- Drucker, P. F. (1954). The practice of management. New York: Harper and Brothers.
- Fiedler, F. E. and Chemers, M. M. (1984). Improving Leadership Effectiveness: The Leader Match Concept(2nd ed.), New York: John Wiley.
- Fiedler. F. E. (1967). A Theory of Leadership Effectiveness, New York: McGraw-Hill.
- Fleishman, E., Harris, E., & Burtt, H. (1955). Leadership and supervision in Industry, Columbus: Ohio State University Bureau of Education Research.
- French, J. P. R. Jr., & Raven, B. (1960). The bases of social power. In D. Cartwright and A. Zander (eds.), Group dynamics (pp. 607-623). New York: Harper and Row.
- Gallup, G. G., (1970). Chimpanzees: self recognition. Science, 167: 86-67.
- Gardner, H. (1996). Leading Minds: an anatomy of leadership. Basic Books.
- Gardner, R. A., & Gardner, B. T., (1969). Teaching sign language to a Chimpanzee. Scince, 165: 664-672.
- Gardner, W. L., & Avolio, B. J. (1998). The charismatic relationship: A dramaturgical perspective. Academy of Management Review, 23: 32-58.

- Goodall, J. (1969). My friends the wild Chimpanzees. National Geographic Society.
- Graen, G. B., & Uhl-Bien, M. (1995). Relationship-Based Approach to Leadership. Development of Leader-Member Exchange LMX Theory. Leadership Quarterly, 6: 219- 247
- Granovetter, M. (1985). Economic action and social structure: the problem of embeddedness. The American Journal of Sociology, 91(3): 481-510.
- Greenleaf, R. (1970). The servant as leader. Indianapolis: The Robert K. Greenleaf Center, 1-37.
- Hersey, P. and K. H. Blanchard, (1988). Management of Organizational Behavior, 5th, ed., Prentice-Hall.
- Hersey, P., & Blanchard, K. H., (1982). Management of organization behaviors: utilizing human resources(4th ed). Englood Cliffs, NJ: Prentice Hall.
- Hollenbeck, G. P., (2001). A serendipitous sojourn through the global leadership literature, In Advances in global leadership, Stamford, CT: JAI press.
- House, R. J. (1977). A 1976 theory of charismatic leadership. In J. G. Hunt.Sc L. L. Larson (Eds.), Leadership: The cutting edge: 189-207. Carbondale, IL: Southern Illinois University Press.
- Jackall, R. (1988). The world of corporate managers. Oxford University Press.
- Jago, A. G., (1982). Leadership: perspective in theory and research, Management Science, 28(3): 315-336.
- Jenkins, W. O., (1947). A review of leadership studies with particular reference to military problems. Psychological bulletin. 44(1): 54-79.
- Jokinen, T., (2004). Global leadership competencies: a review and discussion, Journal of European Industrial Training, 29(2/3): 199-216.
- Katz, D., Maccoby, N., & N.C. (1950). Morse, Productivity, Supervision and Morale in an Office Situation. Michigan: University of Michigan, Survey Research Center.
- Katz, D., & Kahn, R. L. (1978). the social psychology of organizations. New York: Wiley.
- Kohs, S. & Irle, K. (1920). Prophesying army promotion. Journal of Applied Psychology, 4: 73-87.
- Lane, H. W., Maznevski, M. L., Mendenhall, M. E., & McNett, J. (2004). Global management: a guide to managing complexity. Oxford: Blackwell.
- Likert, R. (1947). Kurt Lewin: a pioneer in human relations research, Human Relations, 1, pp. 131-139.
- Locke, E. A. (1968) Toward a theory of task motivation and incentives.

Organizational Behavior and performance, 3: 157–189.

- Lord, R. G. & Maher, K. J. (1993). Leadership and information processing: Linking perceptions and performance. Rutledge, Boston MA.
- Manz, C. and Sims, H. (1989). Superleadership: Leading others to lead themselves, New York: Prentice–Hall.
- Mendenhall, M., & Osland, J., (2002). An overview of the extant global leadership research. Paper presented at Academy of International Business conference, Puerto Rico.
- Nanda, B. R.(1985). Gandhi and His Critics. Delhi: Oxford University Press
- Nanus, B. (1992). Visionary leadership. San Francisco: Jossey–Bass.
- Northouse, P. G. (2004). Leadership: Theory and Practice. 3rd ed.London. Sage Publications.
- Osland, J. S. (2008). An overview of the global leadership literature. In Global leadership: theory and practice. London: Routledge.
- Penrose, E., (1959). The theory of the growth of the firm, London: Basil Blackwell.
- Pfeffer, J. & Salancik, G., (1978). The external control of organizations. New York: Harper & Row.
- Pribram, K., and M. M. Gill.(1976). Freud's Project Reassessed. New York: Basic Books.
- Ryu, K. H., Lee, J. E., Song, Y. A., & Yang, Y. S., (2008). Toward the theory of CEO leadership: A conceptual model based on charismatic, transformational and transactional leadership. Paper presented at Academy of International Business regional conference, Kuala Lumpur.
- Shin, S., Mogeson, F., & Campion, M., (2007). What you do depends on where you are: understanding how domestic and expatriate work requirements depend upon the cultural context. Journal of International Business Studies, 38: 64–83.
- Simonton, D. K.(1984). Genius, Creativity, and Leadership. Cambridge, Mass.: Harvard University Press.
- Stogdill, R. M. (1974). Handbook of leadership: A survey of theory and research. New York: Free Press.
- Toffler, A., (1987). The third wave. Random House value Publishing.
- Weber, M. (1947), The theory of social & economic organization. New York: Free Press.
- Weick, K. E. 1995. Sensemaking in Organizations. Sage, Thousand Oaks, CA.
- Yukl, G. (1998). Leadership in organizations, Prentice Hall.

찾아보기

찾아보기

찾아보기

ㅇ

찾아보기

찾아보기

저자 프로필 〉〉〉

- **전숙자 교수**

  이화여자대학교 사회생활학과 교수(사회학 및 사회과교육 전공)

  이화여자 대학교 정보과학 대학원 원장역임

  역저: 사회과 교육, 사회과 탐구논리, 사회과 교육의 통합적 구성과 교수
  -학습 설계 등 다수

- **류기현**

  연세대학교 경영대학 경영연구소 연구원

  연세대학교 경영학과 박사과정(박사수료)

  현 공군소령

  논문: - The Determinants of Technology Transfer through Network: An Empirical Study on the Aerospace Industry
  - Towards the theory of CEO leadership: A conceptual model based on charismatic, transformational and transactional leadership
  - 해외기업에 인수된 한국인 종업원들의 직무만족에 관한 연구 등 다수

- **이재은**

  연세대학교 경영대학 경영연구소 연구원

  연세대학교 경영학과 박사과정(박사수료)

  한국방송통신대학교 경영학과 강사

  역저: - 한국기업의 글로벌 경영: 사례를 통해서 본 전략과 시스템-이마트의 중국진출 사례
  - 글로벌시대의 기업 경쟁전략: 한국기업 사례중심으로-신흥시장에서 한국기업의 사회공헌: 삼성전자와 LG전자의 사례

  논문: - 제휴특유자산과 제휴관계자산이 국제합작투자성과에 미치는 영향
  - 삼성전자와 LG전자의 인도 진출전략 등 다수

도서출판 그린

내 안의 리더십

Green Pub.

인쇄일 ▶	2009년 2월 15일
발행일 ▶	2009년 2월 20일
저　자 ▶	전숙자, 류기현, 이재은
발행인 ▶	윤덕우
발행처 ▶	도서출판 **그린**
출판등록 ▶	제8-161호(1995. 5. 3.)
주　소 ▶	서울시 서대문구 연희동 219-20 (우)120-828
전　화 ▶	02)333-2574, 2575
Fax ▶	02)333-2561
E-mail ▶	greenpress@greenpress.co.kr
Homepage ▶	http://www.greenpress.co.kr

정가: 15,000원

ISBN:978-89-5727-123-0